Die

Zwangsvollstreckung

ausländischer Schiedssprüche

nach der

Reichscivilprozeßordnung

von

Dr. W. Wadlinger,
Rechtsanwalt in Kaiserslautern.

München.
J. Schweitzer Verlag (Jos. Eichbichler).
1896.

Inhaltsübersicht.

A.

Erster Teil.

B.

Zweiter Teil.

C.

Dritter Teil.

D.

Vierter Teil.

A.

Erster Teil.

Die Zwangsvollstreckung ausländischer Schiedssprüche nach § 868 Absatz 1 Civilprozeßordnung.

§ 1. Die Voraussetzungen der Zwangsvollstreckung ausländischer Schiedssprüche im allgemeinen.

I.

Das zehnte Buch der Civilprozeßordnung für das Deutsche Reich, welches betitelt ist „Schiedsrichterliches Verfahren", bestimmt in § 868 Absatz 1:

„Aus dem Schiedsspruche findet die Zwangsvollstreckung „nur statt, wenn ihre Zulässigkeit durch ein Vollstreckungsurteil „ausgesprochen ist."

Ob sich diese Bestimmung auch auf ausländische Schiedssprüche bezieht, ob also auch ausländische Schiedssprüche eines Vollstreckungsurteils fähig sind, das ist die erste und die Hauptfrage bei vorliegender Arbeit.

Wenn man von ausländischen Schiedssprüchen redet, so versteht man gemeinhin[1]) darunter Schiedssprüche, welche im

---

[1]) Vgl. die Kommentare zur CPO.: Seuffert § 868 Anm. 3; Struckmann-Koch § 868 Anm. 1 Abs. 3; Petersen §§ 867—70 Bem. II Anm. 2; Gaupp § 868 Bem. I Abs. 3; ferner: V. Rintelen, der Civilprozeß § 140, 2 b ε; A. Wach, Handbuch des deutschen Civilprozeßrechts I S. 249 f.; H. Lammasch in Holtzendorff, Handbuch des Völkerrechts III S. 440 f.; v. Bar, internationales Privatrecht II S. 538 f. S. auch Anm. 3 a. E.

Ausland gefällt worden sind. Wie sich später[2]) zeigen wird, ist die Zweckmäßigkeit und Richtigkeit einer Unterscheidung der Schiedssprüche nach dem Orte, wo sie ergangen sind, nicht über jeden Einwand erhaben.

Die obige Frage wird, soviel sich übersehen läßt, in der Litteratur allgemein[3]) bejaht. Die Vertreter dieser Ansicht berufen sich dabei auch auf eine Entscheidung des Reichsgerichts[4]); mit welchem Recht, wird später[5]) erörtert werden. Hinsichtlich der Voraussetzungen aber, unter denen ein Vollstreckungsurteil gemäß § 868 CPO. auf Grund eines ausländischen Schiedsspruchs gewährt werden soll, gehen die Ansichten außerordentlich weit auseinander. Während beispielsweise die Einen[6]) sich damit begnügen, einen nach ausländischem Recht gültigen Schiedsspruch zu verlangen, halten Andere[7]) die Beobachtung sämtlicher Vorschriften der CPO., nicht nur der formellen, sondern auch der materiellen, für erforderlich. Letztere Ansicht dürfte aber einer Verneinung der oben gestellten Frage näher kommen, als einer Bejahung.[8])

Unseres Erachtens spricht nichts dafür und alles dagegen, daß ausländische Schiedssprüche als solche, d. h. wenn sie nach dem maßgebenden örtlichen Recht[9]) gültig sind, zur Zwangsvollstreckung im Inland berechtigen.

---

[2]) S. unten X Anm. 16—18 und Text.

[3]) S. außer den in Anm. 1 angezogenen Stellen: Wilmowski-Levy § 868 Anm. 1 Abs. 3; J. Kohler in Gruchot, Beiträge zur Erläuterung des deutschen Rechts XXXI S. 491 f.; W. Francke in Busch und Vierhaus, Zeitschrift für deutschen Civilprozeß VIII S. 28 f.; B. Mayer, die Vereinbarung schiedsrichterlicher Rechtsentscheidung S. 111. — Die hier und in Anm. 1 genannten Werke sind stets gemeint, wenn die betreffenden Autoren im folgenden ohne weiteren Zusatz zitiert werden.

[4]) in Civilsachen, Bd. V S. 397 ff.

[5]) S. unten IX Anm. 1.

[6]) Vgl. Kohler a. a. O.

[7]) Vgl. Wilmowski-Levy u. Petersen a. a. O.

[8]) Vgl. unten XI a. E.

[9]) Unter dem Ausdruck „örtliches Recht“, „maßgebendes örtliches Recht“ des Schiedsspruchs oder auch kurz „sein“ Recht wird hier und im folgenden dasjenige Recht verstanden, welchem der Schiedsspruch nach den

II.

Die CPO. erwähnt ausländische Schiedssprüche weder in § 868 noch sonstwo. Was folgt daraus?

In § 644 bestimmt die CPO., daß die Zwangsvollstreckung stattfindet aus Endurteilen, welche rechtskräftig oder für vorläufig vollstreckbar erklärt sind. Diese Bestimmung bezieht sich nur auf inländische Urteile.[1]) Daneben erklärt die CPO., daß aus dem Urteil eines ausländischen Gerichts die Zwangsvollstreckung nur stattfindet, wenn ihre Zulässigkeit durch ein Vollstreckungsurteil ausgesprochen ist (§ 660 Abs. 1), regelt die Zuständigkeit für die Klage auf Erlassung desselben (§ 660 Abs. 2) und gibt genau die Voraussetzungen dazu an (§ 661).

Gemäß § 702 Ziff. 1 CPO. findet die Zwangsvollstreckung statt aus Vergleichen, welche nach Erhebung der Klage zur Beilegung des Rechtsstreites seinem ganzen Umfang nach oder in betreff eines Teiles des Streitgegenstandes vor einem deutschen Gericht abgeschlossen sind. Daraus folgt, daß der vor einem ausländischen Gericht abgeschlossene Vergleich kein Vollstreckungstitel ist.[2])

Vergleiche vor Beginn der Rechtshängigkeit einer beabsichtigten Klage sind gemäß § 702 Ziff. 2 CPO. vollstreckbar, wenn dieselben im Sühneverfahren vor dem Amtsgericht nach Vorschrift des § 471 CPO. zu Protokoll festgestellt worden sind. Diese Bestimmung leidet inhaltlich keine Anwendung auf ausländische Vergleiche. Andererseits geht daraus hervor, daß Vergleiche anderer Art, welche vor Erhebung der

---

Grundsätzen über die räumliche Herrschaft der Gesetze untersteht. Auf diese — viel umstrittenen — Grundsätze näher einzugehen, ist nicht Aufgabe vorliegender Arbeit.

[1]) Vgl. Seuffert § 644 Anm. 1; Wilmowski-Levy § 644 Anm. 1; Gaupp § 644 Bem. I. 2.

[2]) Vgl. Seuffert § 702 Anm. 2; Struckmann-Koch § 702 Anm. 1 Abs. 2; Gaupp § 702 Bem. I. 1a.

Klage vor einem Amtsgericht abgeschlossen werden, reichsgesetzlich die Vollstreckbarkeit nicht begründen.[3])

Wenn die CPO. ferner in § 702 Ziff. 3 und 4 als Vollstreckungstitel erklärt Entscheidungen, gegen welche das Rechtsmittel der Beschwerde stattfindet, und Vollstreckungsbefehle, so kann auch hier nach Inhalt und Ausdruck des Gesetzes nur an Akte inländischer Gerichte gedacht werden.[4])

Vollstreckbare Titel sind endlich nach der CPO. § 702 Ziff. 5 Urkunden, welche vor einem zuständigen deutschen Gericht oder vor einem zuständigen deutschen Notar formgerecht aufgenommen sind, sofern die Urkunde einen Anspruch auf Zahlung oder Leistung vertretbarer Gegenstände betrifft und der Schuldner sich in der Urkunde der sofortigen Zwangsvollstreckung unterworfen hat. Danach sind ausländische Urkunden reichsgesetzlich[5]) zur Zwangsvollstreckung nicht zugelassen.

Wie man aus diesen Bestimmungen ersieht, läßt die CPO. bei keinem der zur Zwangsvollstreckung geeigneten Titel den geringsten Zweifel, ob er ein inländischer sein muß oder nicht. Aber sie unterläßt die ausdrückliche Hervorhebung dieses Umstandes da, wo es sich von selbst versteht, daß der Titel ein inländischer ist (§ 702 Ziff. 2—4). Das legt die Annahme nahe, daß die CPO. auch in § 868, da sie die Schiedssprüche daselbst nicht nach In- und Ausland unterscheidet, nur inländische Titel[5a]) im Auge hat.

Aber auch abgesehen von jener sonstigen Gepflogenheit der CPO., ließe die allgemeine Ausdrucksweise derselben keineswegs den Schluß zu, daß sie sich auch auf die ins Ausland fallenden

---

[3]) Vgl. Gaupp § 702 Bem. I. 2 u. Petersen § 702 Bem. II. 2.

[4]) Eine andere Frage ist, inwieweit dergleichen ausländische Akte unter **CPO. §§ 660. 661** fallen. S. darüber Seuffert § 660 Anm. 3; Francke S. 19 f.

[5]) Vgl. CPO. § 706. Derselbe ermächtigt die Landesgesetzgebung wohl nicht, die Vollstreckung ausländischer Titel der in § 702 bezeichneten Art zuzulassen. Denn wenn er von „anderen" als den in § 702 bezeichneten Schuldtiteln spricht, so meint er damit wohl Schuldtitel anderer Art. A. M. Wach I S. 248.

[5a]) Vgl. unten XI.

Rechtsverhältnisse beziehe[6]) und ist daher ein derartiger Inhalt der CPO. nicht zu vermuten. Oder bestehen etwa beim Schiedsspruch besondere Gründe, die es selbstverständlich oder doch wahrscheinlich machen, daß er, gleichgültig ob in- oder ausländischer, Vollstreckung gewähre? Wir werden sehen.

III.

Als ein besonderer Grund zur Annahme, daß die CPO. trotz Mangels einer ausdrücklichen Vorschrift ausländische und inländische Schiedssprüche unterschiedslos zur Vollstreckung zulasse, könnte vor allem der zur Zeit der Einführung der CPO. bestandene Rechtszustand in Betracht kommen. Gewiß, wenn damals allgemein ausländische Schiedssprüche als solche vollstreckt worden sind, so läßt sich, trotz der bereits erwähnten Bedenken, der Schluß nicht gänzlich von der Hand weisen, daß dies auch nachher so geblieben sei. Trifft aber jene Voraussetzung zu? Keineswegs.

Es ist überflüssig, hier auch nicht gut möglich, den damaligen Rechtszustand in diesem Punkte für alle Rechtsgebiete des deutschen Reiches zu untersuchen. Einige Beispiele genügen für unsern Zweck vollkommen.

Nach dem gemeinen römischen Recht besaß der Schiedsspruch keinerlei Rechtskraft, sondern gewährte nur Klage und Einrede.[1]) Von einer Vollstreckung desselben war daher nicht die Rede[2]), wenn er ein inländischer, um so weniger dann, wenn er ein ausländischer war.

In Bayern galt damals die Prozeßordnung vom 29. April 1869. Nach Art. 1337 dieses Gesetzes hatten Schiedssprüche unter den Parteien dieselbe Wirkung, wie die Urteile der ordentlichen Gerichte; ihre Zwangsvollstreckung fand statt, nachdem sie, in ähnlicher Weise wie jetzt nach der CPO., vom zuständigen

---

[6]) Vgl. Wach S. 249, der allerdings gleichwohl zu einem andern Resultat kommt. Vgl. auch unten VI Text vor Note 2.

[1]) Vgl. Arndts Pandekten § 270; Mayer S. 27. 33. 94.

[2]) S. Wach S. 65 f.; Mayer S. 109; v. Bar II S. 538.

Gericht für vollstreckbar erklärt waren. Dieser Artikel galt aber nicht für ausländische Schiedssprüche, wie sich aus Art. 823—825 jenes Gesetzes ergibt. Nachdem nämlich Art. 823 die „Entscheidungen auswärtiger Gerichte“ für im ganzen Königreich vollstreckbar erklärt hat, wenn dieselben rechtskräftig und vom zuständigen inländischen Gericht für vollstreckbar erklärt sind, und Art. 824 zur Erlangung dieser Vollstreckbarkeitserklärung den Weg der Klage angeordnet hat, fährt Art. 825 weiter: „Außer Bayern aufgenommene Urkunden, welche nicht richterliche Entscheidungen sind, kommen in Ermangelung besonderer Staatsverträge nur als Beweismittel in Betracht.“[3]) Darnach waren in Bayern ausländische Schiedssprüche von der Vollstreckung ausdrücklich ausgeschlossen.

Die hannöversche Civilprozeßordnung § 533 cf. 29 stellt die ausländischen Schiedssprüche in Bezug auf Zwangsvollstreckung den Urteilen ausländischer Gerichte gleich.[4])

Diese Beispiele mögen genügen. Sie zeigen, daß in der Zeit vor Einführung der CPO. ausländische Schiedssprüche keineswegs allenthalben zur Zwangsvollstreckung zugelassen waren, daß im Gegenteil namhafte Gesetzgebungen, Vorbilder der CPO., dieselben entweder ausdrücklich davon ausschlossen oder doch nur wie ausländische Urteile behandelten. Was lag da für den Gesetzgeber, wenn er wirklich auf Grund ausländischer Schiedssprüche Vollstreckung gewähren wollte, im Hinblick auf den damaligen Rechtszustand und dessen Mannigfaltigkeit näher, als durch eine ausdrückliche Vorschrift diese seine Absicht, falls sie bestand, zu bekunden und zugleich die Frage nach den Voraussetzungen der nunmehr allgemein zugelassenen Zwangsvollstreckung außer Zweifel zu stellen?

Der Gesetzgeber hat dies nicht gethan. Das rechtfertigt den Schluß, daß ihm die Absicht fehlte, ausländische Schiedssprüche in gleicher Weise wie inländische zur Vollstreckung zuzulassen.

---

[3]) Vgl. Kommentare z. bayer. Prozeßordnung v. 1869 von J. Wernz, Bem. zu Art. 823—825. 1337 u. M. A. Barth § 354 II 1 c u. g.

[4]) Vgl. Kohler S. 492 Anm. 114 und Wach S. 66.

IV.

Man möchte vermuten, diejenigen, welche in § 868 eine Gleichstellung in- und ausländischer Schiedssprüche hinsichtlich der Vollstreckung finden, beriefen sich vielleicht für ihre Ansicht auf den Zusammenhang des Paragraphen mit den benachbarten Bestimmungen des Gesetzes. Sie thun es nicht; sie könnten es auch nicht, wie später[1]) noch darzulegen sein wird. Eine eigentliche Begründung findet sich überhaupt von den eingangs[2]) erwähnten Schriftstellern nur[3]) bei Francke und Kohler. Hören wir, worin dieselbe besteht.

---

[1]) S. unten VIII. IX.

[2]) S. oben I Anm. 1. 3.

[3]) Anscheinend auch nicht bei v. Bar II S. 539 ff., der sonst die einschlägigen Fragen ausführlich behandelt.

Derselbe führt zuerst aus: „Schiedsrichterliche Urteile auf Grund eines dem gemeinen römischen Recht entsprechenden Kompromißvertrages sind nichts anderes als Privatverträge. Die Parteien .... schließen einen Vertrag, daß dasjenige unter ihnen gelten solle, was" im Schiedsspruch „werde ausgesprochen werden.... Von unmittelbarer Vollstreckung ist hier nicht zu reden, vielmehr ist bei dem zuständigen Gericht auf Erfüllung zu klagen." Diese Sätze gehen wohl nur auf das frühere gemeine Recht (vgl. oben III Note 1. 2, unten VIII Note 15 ff., XX Note 7 ff.) und nicht auf die Klage nach § 868 Abs. 1 CPO.

„Sollte aber auch," heißt es sodann bei v. Bar weiter, „ein Prozeßgesetz einem derartigen Schiedsspruche unmittelbare Exekution unter bestimmten Voraussetzungen gewähren (z. B. wenn alles Erforderliche durch öffentliche Urkunden bewiesen wird), so würde eben nur die Frage vorliegen, ob einem in öffentlicher Urkunde des Auslandes niedergelegten Vertrage Zwangsvollstreckung zu bewilligen sei." Auch das kann auf § 868 kaum bezogen werden, schon weil derselbe unmittelbare Exekution nicht gewährt.

Soll aber in diesen Sätzen wirklich die Begründung für die Ansicht liegen, daß ausländische Schiedssprüche nach der CPO. wie inländische zur Vollstreckung berechtigen — denn diese Ansicht teilt v. Bar, wie aus seinen weiteren Erörterungen hervorzugehen scheint —, so deckt sich diese Begründung im wesentlichen (vgl. aber unten Anm. 6 und V Anm. 1) mit der von Francke und Kohler, und enthielte außerdem noch die Behauptung, daß die Klage nach § 868 CPO. eine Klage „auf Erfüllung" sei (darüber s. unten VI Note 7 ff.).

„Daß ausländische Schiedssprüche hinsichtlich ihrer Vollstreckbarkeit in Deutschland deutschen Schiedssprüchen gleichstehen . . . darf trotz Mangels einer ausdrücklichen Vorschrift mit Rücksicht darauf angenommen werden, daß die Geltung eines jeden Schiedsspruches, nicht aber diejenige eines jeden Urteils auf der freien Unterwerfung des Schuldners bezw. seines Rechtsvorgängers beruht.“ [4])

„Ein ausländischer Schiedsspruch kann, wie ein inländischer in Deutschland . . . . zur Vollstreckung führen . . . . denn der Schiedsspruch ist kein Ausfluß fremdländischer Gerichtsgewalt, sondern ein Ausfluß der Parteivereinbarung . . . . Der Schiedsspruch ist ebenso bindend . . . . wie ein Vergleich wäre, auch wenn er im Ausland, auch wenn er unter dem Zureden ausländischer Personen abgeschlossen worden wäre.“ [5])

Scharf gefaßt, lautet die in den angeführten Stellen enthaltene Schlußfolgerung so:

1. Das inländische Recht anerkennt die vertraglichen Verpflichtungen, ohne zu unterscheiden zwischen inländischen und ausländischen Verträgen.

2. Die Verpflichtung, einen Schiedsspruch zu erfüllen, ist nun aber eine vertragliche Verpflichtung.[6])

3. Also müssen Schiedssprüche zur Vollstreckung führen, unterschiedslos, ob inländische oder ausländische.

Dieser Schluß ist falsch. Davon im folgenden.

V.

Die Richtigkeit der obigen ersten Prämisse soll hier nicht angezweifelt werden, obschon es Zweifelsgründe gibt.[1]) Die

---

[4]) Francke S. 28 ff.

[5]) Kohler S. 491.

[6]) Aber zu sagen, der Schiedsspruch sei ein Vertrag (s. v. Bar oben in Anm. 3 a. A.), scheint uns sprachlich und logisch bedenklich.

[1]) Man könnte nämlich einwenden, der Satz treffe allerdings in der Regel zu; ob aber gerade auf den Schiedsvertrag und die daraus fließenden Verbindlichkeiten, das eben sei zu beweisen. Man könnte ferner einwenden, der Satz gelte nur für reine Privatverträge; ein solcher

zweite Prämisse ist zweifellos richtig. Allein aus beiden folgt nicht, was oben daraus geschlossen wurde.

Wenn es richtig ist, daß das inländische Recht die vertraglichen Verpflichtungen anerkennt, ohne zwischen ausländischen und inländischen Verträgen einen Unterschied zu machen; wenn es ferner richtig ist, daß die Verpflichtung zur Erfüllung eines Schiedsspruchs eine vertragliche Verpflichtung ist: so folgt daraus allerdings, daß das inländische Recht auch die Verpflichtung zur Erfüllung eines ausländischen Schiedsspruches anerkennt. Anerkennt — nicht mehr und nicht weniger; aber es folgt nicht daraus, daß es denselben Vollstreckung gewährt. Um diesen Schluß zu ziehen, müßte man im Obersatz behaupten können, das inländische Recht anerkenne die Verpflichtungen auf Grund ausländischer Verträge in so weitgehender Weise, daß es dieselben als vollstreckbar behandle, wenn sie das nach ihrem, dem ausländischen Rechte sind. Allein das Gegenteil davon ist der Fall. Nämlich:

Unser Recht anerkennt Verpflichtungen auf Grund ausländischer Verträge insoweit, aber — von etwa besonders vorgesehenen Ausnahmen abgesehen — auch nur insoweit, als es Klage und Einrede aus den ausländischen Verträgen, wie aus den inländischen gibt. Weiter geht diese Anerkennung nicht. Wie bereits früher [1a]) besprochen, berechtigen zur Zwangsvollstreckung in Deutschland keinerlei im Ausland ergangene Parteiverfügungen [1b]), sollten sie auch vor Gericht oder unter Mitwirkung, Billigung oder Bestätigung des Gerichts zu stande gekommen oder selbst auf sofortige Zwangsvollstreckung ausdrücklich gerichtet sein.[2]) Wenn man [3]) also auf die auch im

sei aber der Schiedsvertrag, der ins öffentliche Recht eingreife, nach unserm Rechte nicht oder nicht mehr, und nach seinem, dem fremden Recht brauche er es jedenfalls nicht zu sein (vgl. hiezu Wach S. 67 Anm. 15; Dernburg Pandekten § 166 a. A., preuß. Privat-R. § 142 a. E.). Wir teilen diese Bedenken nicht.

[1a]) S. oben II.

[1b]) Vgl. insbes. CPO. § 702 Ziff. 1.

[2]) S. Francke selbst S. 19 f.

[3]) S. oben IV Text vor Note 5.

Inland anerkannte bindende Kraft ausländischer Vergleiche sich beruft, so folgt daraus das gerade Gegenteil. Da doch nicht einmal ein ausländischer Vergleich, wäre es selbst ein gerichtlicher, in Deutschland zur Vollstreckung berechtigt, sondern nur Klage und Einrede gewährt, warum soll es da bei dem ausländischen Schiedsvertrag oder Schiedsspruch anders sein, wo doch ein Schiedsspruch gewiß nicht in höherem Maße und unmittelbarer wie ein Vergleich den Willen der Parteien, was unter ihnen Rechtens sein soll, zum Ausdruck bringt?

Man sieht, nach der CPO. ist für die Frage der Zwangsvollstreckung auf Grund eines ausländischen Titels der Parteiwille ohne alle und jede Bedeutung, und selbst sogenannte exekutorische Urkunden des Auslands sind im Inland nicht vollstreckbar. Das zeigt sich auch sonst. So wird z. B. ein ausländisches Urteil, welches den Voraussetzungen des § 661 CPO. nicht entspricht, nicht dadurch zur Vollstreckung geeigneter, daß es auf dem Anerkenntnis des Verurteilten beruht.

Ja noch mehr. Die Bedeutungslosigkeit des Parteiwillens für die Zwangsvollstreckung bildet die Regel selbst bei inländischen Titeln. Nur in sehr beschränktem Umfang kommt bei diesen, wie wir früher[3a]) sahen, dem auf sofortige Vollstreckung gerichteten Parteiwillen die entsprechende Wirkung zu. Der innere Grund liegt in der öffentlich-rechtlichen Natur der Zwangsvollstreckung.[4])

So kehren wir denn den obigen Schluß um und sagen:

1. Das inländische Recht setzt sich, was die Vollstreckbarkeit eines Titels anlangt, über den Parteiwillen hinweg, bei inländischen Titeln zwar mit bestimmten Ausnahmen, bei ausländischen Titeln aber ausnahmslos.

2. Ein ausländischer Schiedsspruch ist ein Titel auf Grund des Parteiwillens.

3. Also folgt aus dem Parteiwillen nicht, daß ausländische Schiedssprüche in Deutschland zur Zwangsvollstreckung berechtigen;

[3a]) S. oben II.

[4]) Vgl. unten XVI Note 6, XVIII Note 2.

wohl aber folgt das Gegenteil aus der vom Gesetz sonst befolgten Regel.

Eins könnte allerdings dagegen vielleicht noch eingewendet werden, nämlich, die Klage nach § 868 CPO. sei eben weiter nichts als eine Klage auf Verurteilung zur Erfüllung einer vertraglichen Verpflichtung, also weiter nichts als eine Vertragsklage, von der wir ja zugäben, daß sie das inländische Recht auch bei ausländischen Verträgen und den daraus entspringenden Verpflichtungen nicht versage.

Die Berechtigung dieses Einwandes soll im folgenden untersucht werden. Vorausgeschickt sei, daß der Einwand die hier bekämpfte Begründung nicht retten kann, selbst wenn er sich als begründet herausstellen sollte, und zwar, weil jene Begründung noch an einem weiteren, später[5]) zu besprechenden Fehler leidet.

VI.

Gesetzt, die Klage aus § 868 CPO. sei in der That weiter nichts als eine Vertragsklage, ebensogut wie beispielsweise die Klage auf Erfüllung eines Vergleiches[1]), was folgt daraus für die Vollstreckung ausländischer Schiedssprüche? Das Gegenteil von dem, was der Einwand bezweckt.

Die bürgerlich-rechtlichen Bestimmungen inländischer Gesetze gelten nicht für ausländische Rechtsverhältnisse, gemäß den anerkannten Grundsätzen über die räumliche Herrschaft der Gesetze. Wer im Inland auf Grund eines ausländischen Rechtsverhältnisses klagt, dessen Klagerecht bemißt sich nach dem maßgebenden ausländischen Recht. Ist nun die Klage aus § 868 CPO. weiter nichts als eine einfache Vertragsklage, wie etwa die auf Grund eines Vergleiches, so schließt das von vornherein ihre Geltung für ausländische Schiedssprüche aus; dann gilt doppelt, was wir bereits früher[2]) für die Anwendbarkeit des § 868 auf

---

[5]) S. unten VII.

[1]) S. oben IV Text vor Note 5.

[2]) S. oben II Text zu Note 6.

fremde Schiedssprüche aus andern Gründen gefolgert haben. Nur wenn § 868 es mit der Zwangsvollstreckung zu thun hat, kann es sich noch fragen, ob er sich auch auf ausländische Schiedssprüche beziehe; denn die Zwangsvollstreckung geht nur das Inland an, richtet sich ausschließlich nach inländischem Recht, gleichgültig, ob ausländische oder inländische Titel in Frage stehen.

Uebrigens ist aber die Klage aus § 868 keine Vertragsklage analog der Klage aus jedem anderen Vertrag, keine actio ex pacto[3]), wie teilweise[4]) behauptet wird. Wenn sie es wäre, dann konnte sich die CPO. die ganze Bestimmung sparen; denn auf Erfüllung des Schiedsspruchs konnte ja schon nach früherem Recht geklagt werden.[5]) Daß sie es nicht ist, deutet auch klar der Wortlaut des Gesetzes an, welches nicht etwa von einer Klage auf Erfüllung des Schiedsspruchs, sondern auf Erlassung des Vollstreckungsurteiles redet[5a]), also nicht von Erfüllung, sondern von Vollstreckung.

Der begriffliche Unterschied liegt in folgendem: Die Klage auf Erfüllung des Schiedsspruchs hat zum Klagegrund den Schiedsvertrag[5b]), die Klage auf Vollstreckung des Schiedsspruchs den Schiedsspruch.[6]) Das Urteil im ersten Falle würde beruhen auf der die Parteien bindenden Kraft des Vertrages; im letzten Fall beruht es auf der Rechtskraftwirkung des Schiedsspruchs. Kurz, dort ein Anspruch auf Erfüllung, hier ein Anspruch auf Vollstreckung[7]); dort Civilrecht, hier Prozeß-

---

[3]) Wie aus vorstehendem ersichtlich, ist die rechtliche Natur der Vollstreckungsklage für das Ergebnis unserer Erörterung belanglos. Zudem bezieht sich die Frage auf Schiedssprüche im allgemeinen, tritt also aus dem Rahmen dieser Arbeit heraus. Das erübrigt eine erschöpfende Behandlung.

[4]) Mayer S. 110; Kohler S. 491. Man spräche also genauer von einer Klage auf Erfüllung des Schiedsvertrages.

[5]) S. oben III Anm. 1, 2.

[5a]) S. CPO. §§ 868—871.

[5b]) S. Anm. 4.

[6]) Vgl. Wach S. 75 und unten XXXI Note 17 ff.

[7]) Es wird die Meinung vertreten, das ganze schiedsrichterliche Verfahren, wie es in der CPO. geregelt ist, sei Prozeßverfahren. Darüber

recht.[8]) Zwar kann der Schiedsspruch allerdings aus bestimmten Gründen noch aufgehoben werden.[8a]) Allein das rechtfertigt nicht den Schluß, die Vollstreckungsklage „werde behandelt wie jede andere Klage" und sei deshalb auch nichts anderes.[9]) Daß ein Titel, welcher Rechtskraftwirkung und Vollstreckbarkeit besitzt, wieder aufgehoben werden kann, hindert nicht, daß er diese Eigenschaften eben doch besitzt, solange er besteht und mindestens soweit keine Aufhebungsgründe vorhanden sind und die Klage aus § 868 also begründet ist. Der wesentliche Unterschied gegenüber der einfachen Vertragsklage, welcher sich auf jene Eigenschaften gründet, wird also durch die Möglichkeit der Aufhebung nicht beseitigt.[10]) Noch viel weniger ändert hieran etwas der Umstand, daß der Vollstreckungsanspruch auf dem Weg der Klage verfolgt werden muß. Das hindert den Anspruch nicht, zu bleiben, was er ist, nämlich ein Vollstreckungsanspruch. Den Weg der Klage schreibt die CPO. auch in andern Fällen vor, die mit einer Vertragsklage nichts gemein haben.[11])

Soviel steht also mindestens fest: Die Klage aus § 868 CPO. ist etwas wesentlich anderes als eine bloße Vertragsklage oder Erfüllungsklage.[12]) Sie ist vielmehr eine Klage, die es mit der Zwangsvollstreckung zu thun hat.

---

s. Bülow im civ. Archiv LXIV, 68, und Wach S. 64 ff. Darnach wäre die Klage aus § 868 selbstverständlich keine Vertragsklage.

[8]) Vgl. Kohler S. 488; Wach S. 74; Gaupp Vorb. I z. 10. Buch rechnet zum materiellen Recht zwar noch § 866 („Kraft des Schiedsspruchs"), nicht aber § 868 („Vollstreckbarkeit des Schiedsspruchs"); Struckmann-Koch („der Staat leiht seine Hilfe zur Vollstreckung"); RGE. XXX S. 370 f. („durch das Vollstreckungsurteil spricht der Staat . . . aus, daß er den Schiedsspruch als geeignete Grundlage für die Zwangsvollstreckung anerkenne").

[8a]) CPO. § 868 Abs. 2 cf. 867.

[9]) Mayer a. a. O.

[10]) Das ist ja auch sonst so (vgl. CPO. § 541 ff.).

[11]) So z. B. im Fall der Rechtsnachfolge bei einem vollstreckbaren Titel, die nicht durch öffentliche Urkunden bewiesen werden kann (§ 667); so bei ausländischen Urteilen (§§ 660 f.).

[12]) So unterscheidet auch RGE. XXX S. 269 ff. zwischen beiden als zwei verschiedenen Dingen.

VII.

Das Ergebnis der letzten Erörterungen kurz zusammenfassend, sagen wir:

Die Vollstreckungsklage aus § 868 CPO. hat es mit der Zwangsvollstreckung zu thun. Aus der Anerkennung ausländischer Verträge und der daraus entspringenden Verpflichtungen folgt daher nicht, daß § 868 die ausländischen Schiedssprüche für die Zwangsvollstreckung den inländischen gleichstellt; denn jene Anerkennung beschränkt sich auf die Gewährung von Klage und Einrede (oben V. VI.).

Wäre aber die Klage aus § 868 eine Vertragsklage, so bezöge sie sich ohnehin nicht auf ausländische Schiedssprüche (oben VI.).

Wir gehen aber noch weiter und sagen: Selbst wenn das inländische Recht ausländische Verträge und die daraus entstehenden Verbindlichkeiten auch insoweit anerkennen würde, als

---

Ist nun die Klage aus § 868 keine Vertragsklage, so braucht sie deswegen doch nicht eine sog. actio judicati zu sein, wie Mayer a. a. O. die Alternative stellt.

Ob sie es ist, hängt zusammen mit der Frage nach der rechtlichen Natur des Schiedsspruchs und dem Umfang seiner Rechtskraftswirkung (s. dafür Struckmann-Koch § 868 Anm. 2; Brinkmann, Begründung der Klagen II S. 602. Dagegen Wach S. 74 ff.; Kohler in Krit. Vierteljahrsschrift XXII S. 466). Man behauptet einerseits, daß das Schiedsgericht vermöge seiner privaten Natur kein Judikat schaffen könne (Mayer S. 97 ff.); andererseits, daß der Schiedsspruch Rechtskraft nicht in demselben Umfang wie ein Urteil besitze (Wach a. a. O.). Aus dem einen und dem andern schließt man, daß die Klage, die er gewährt, keine actio judicati sein könne.

Es ist hinzuzufügen, daß im umgekehrten Falle, wenn nämlich der Schiedsspruch Judikat schüfe und volle Urteilsrechtskraft besäße, die Vollstreckungsklage aus § 868 gleichwohl keine actio judicati zu sein braucht. Denn diese ist nicht die einzige auf Grund der res judicata mögliche Klage (vgl. CPO. §§ 660, 661, und RGE. XVI S. 427 ff.). In der That scheint uns die Klage aus § 868 in keinem Fall eine actio judicati zu sein, weil nicht über den materiellen Anspruch auf Grund des Schiedsspruchs, sondern über den Anspruch auf Vollstreckung zu erkennen ist (vgl. Wetzell, Civ.Pr. § 47 Note 111; RGE. XVI S. 473). Vgl. Anm. 3.

sie in das Gebiet der Zwangsvollstreckung eingreifen, so folgte daraus gleichwohl nicht, daß § 868 aus- und inländische Schiedssprüche gleichstellt.[1])

Der § 868 CPO. gilt nämlich nicht nur für Schiedssprüche auf Grund von Schiedsverträgen, sondern auch für Schiedssprüche auf Grund einseitiger rechtsgeschäftlicher Verfügung, gemäß CPO. § 872, welcher lautet:

„Auf Schiedsgerichte, welche in gesetzlich statthafter „Weise durch letztwillige oder andere nicht auf Vereinbarung „beruhende Verfügungen angeordnet werden, finden die Be„stimmungen dieses Buches entsprechende Anwendung."

Wenn man die Zulassung ausländischer Schiedssprüche zur inländischen Zwangsvollstreckung mit der freien Unterwerfung des Schuldners unter den Schiedsspruch, mit dessen Natur als Ausfluß der Parteivereinbarung begründen könnte[2]), so träfe doch eine derartige Begründung auf diejenigen Schiedssprüche nicht zu, welche auf Grund einseitiger Anordnung schiedsgerichtlichen Verfahrens gefällt worden sind. Die Begründung müßte also weiter greifen und behaupten, daß unser Recht auch einseitigen ausländischen Rechtsgeschäften rechtliche Wirksamkeit für das Gebiet inländischer Zwangsvollstreckung zugesteht. Man hat das nicht behauptet, und damit bleibt jene Begründung mangelhaft. Man kann es auch nicht behaupten; denn hier kann davon noch weniger die Rede sein, wie bei zweiseitigen ausländischen Rechtsgeschäften, bei Verträgen.[3])

Es geht auch nicht an, den Fall des einseitigen und den Fall des zweiseitigen Rechtsgeschäfts für die Beweisführung zu trennen und zu sagen: ausländische Schiedsverträge erkennen wir an und vollstrecken die darauf gegründeten Schiedssprüche; deswegen brauchen wir noch nicht dasselbe auch bei einseitiger ausländischer Anordnung von Schiedsgerichten zu thun. Denn entweder bezieht sich § 868 auf ausländische Schiedssprüche

---

[1]) S. oben V a. E.

[2]) S. oben IV Note 4, 5.

[3]) S. oben V Note 2, 3.

oder nicht. Bezieht er sich darauf, dann bezieht er sich darauf mit seinem ganzen Inhalt, durch welchen für Schiedssprüche ein Vollstreckungsurteil gegeben wird, ohne daß unterschieden wäre, ob durch ein- oder zweiseitiges Rechtsgeschäft die Anordnung schiedsrichterlichen Verfahrens erfolgt ist.

VIII.

Die bisherige Untersuchung hat ergeben, daß es, vom Zusammenhang des Gesetzes und von der Fassung des § 868 noch abgesehen, keine Gründe gibt, welche die Annahme rechtfertigen, § 868 wolle auch ausländische Schiedssprüche als solche, wie inländische, für vollstreckbar erklären. Dagegen spricht die sonstige Gepflogenheit der CPO., welche nirgends bei Regelung der Zwangsvollstreckung einen Zweifel bestehen läßt, ob auch ein ausländischer Titel genügt (oben II). Dagegen sprechen die Grundsätze über die räumliche Herrschaft der Gesetze (oben VI a. A.). Dagegen spricht der Rechtszustand, wie er im deutschen Reich vor Einführung der CPO. bestand (oben III). Dagegen spricht endlich insbesondere der Umstand, daß die CPO. sonstigen ausländischen privatrechtlichen Titeln für das Gebiet der Zwangsvollstreckung jegliche Anerkennung versagt (oben IV—VII). Das gewonnene Ergebnis wird als ein sicheres gelten dürfen, wenn damit Wortlaut und Zusammenhang des Gesetzes im Einklang stehen. Davon im folgenden.

Die CPO. gibt im 10. Buche (§§ 851—872) teils prozeßrechtliche, teils bürgerlich-rechtliche Bestimmungen.[1]) Zu den letzteren gehören die Bestimmungen über die auf das Zustandekommen des Schiedsspruchs bezüglichen Rechtsgeschäfte, insbesondere über Zulässigkeit, Wirksamkeit und Erlöschen des Schiedsvertrages, Ernennung der Schiedsrichter, das von denselben einzuhaltende Verfahren und die Form, Wirkung und

[1]) Vgl. Gaupp 10. Buch Vorb. I; Wilmowski-Levy vor § 851; Seuffert Anm. 1 vor § 851; Struckmann-Koch 10. Buch Note 2 Vorbem.; Petersen 10. Buch Vorbem. 1.

Aufhebung[2]) des Schiedsspruchs. Aus diesem Grund[3]) beziehen sich diese Bestimmungen nicht auf ausländische Schiedsverträge[4]) und Schiedssprüche. Darunter fallen aber sämtliche dem § 868 vorausgehenden Paragraphen des 10. Buches der CPO.

Soviel ist jedenfalls zweifellos[5]), daß die §§ 851—64 sich nicht auf ausländische Schiedsverträge und Schiedssprüche beziehen, mag man nun im einzelnen darin materielles oder prozessuales Recht erblicken.

Das Gleiche hat aber zu gelten von § 865. Dafür spricht einmal der Wortlaut und Zusammenhang. Wenn der Paragraph besagt: „Der Schiedsspruch" u. s. w., so ist dies eben der Schiedsspruch, von dem das Gesetz in den vorausgehenden Paragraphen spricht, der inländische Schiedsspruch. Dafür spricht weiter der Inhalt, welcher die Form betrifft, deren Beobachtnng zum Zustandekommen eines rechtsgültigen Schiedsvertrages erforderlich ist. Der Inhalt ist also privatrechtlich und kann sich daher bloß auf inländische Schiedssprüche beziehen. Ob ein formgerechter ausländischer Schiedsspruch vorliegt, entscheidet sich nach ausländischem Recht.[6]) Entspricht der ausländische Schiedsspruch dieser Form, so ist er auch nach unserm Recht gültig.[7])

Wie später[8]) noch zu erörtern sein wird, bezeichnet man die durch § 865 vorgeschriebene Form als eine Voraussetzung

---

[2]) Vgl. noch Gaupp § 854 Note 7, § 855 Note 1; Wach S. 64 f.; RGE. 10. Nov. 81 in Jur. Wochenschrift X S. 212.

[3]) Vgl. oben VI vor Note 2. Zählt man das ganze schiedsrichterliche Verfahren zum Prozeß (s. oben VI Anm. 7) — oder einzelne Bestimmungen — so können sich die betr. Vorschriften ebenfalls nicht aufs Ausland beziehen; denn die ausländische Prozeßhandlung beurteilt sich nach ausländischem Recht (s. Wach S. 222; v. Bar S. 357 f.).

[4]) oder Anordnung schiedsrichterlichen Verfahrens durch einseitige Verfügung.

[5]) Nirgends auch bestritten oder das Gegenteil behauptet.

[6]) Vgl. Dernburg Pandekten § 48 Note 1, 2; v. Bar I S. 337 ff.; Wach S. 249 Note 119; Seuffert § 868 Anm. 2; Kohler S. 490 Note 108.

[7]) S. RGE. XXX S. 368 ff., wo daraus eine Klage auf Erfüllung (s. oben VI Anm. 12 a. A.) zugelassen wird.

[8]) S. unten XIII Note 5 ff.

des Vollstreckungsurteils. Bei jener Gelegenheit werden wir sehen, ob und in welchem Sinne dies richtig ist. Ein Einwand gegen obige Aufstellung über das Geltungsgebiet des Paragraphen kann daraus in keinem Fall entnommen werden, weil nach jener Behauptung § 865 nicht die zur Existenz des ausländischen Schiedsspruches, sondern nur die zu seiner inländischen Vollstreckung notwendigen Bedingungen enthalten soll.

Auch § 866 CPO. bezieht sich nur auf inländische Schiedssprüche. Das geht aus dem Wortlaut und Zusammenhang wie aus dem privatrechtlichen[9]) Inhalt desselben in der gleichen Weise, wie oben hinsichtlich § 865 gezeigt wurde, hervor.[10]) Man hat allerdings teilweise das Gegenteil behauptet, und zwar unter folgender Begründung:

„Welche Wirksamkeit ein irgendwo ergangener, lediglich auf dem Vertragswillen der Parteien beruhender Schiedsspruch im deutschen Reiche haben soll, ist von der Staatsgerichtsbarkeit unabhängig und durch § 868 ohne Rücksicht auf diese bestimmt."[11]) Diese Begründung ist unstichhaltig, denn:

Mit der „Staatsgerichtsbarkeit" hat die vorliegende Frage überhaupt nichts zu thun; sie beeinflußt die Wirkungen eines Schiedsspruchs nicht bloß nicht für das deutsche Reich, sondern überhaupt nicht. Insofern könnte man allerdings — überflüssigerweise — sagen, jene Wirkungen seien von der Staats-

---

[9]) Als materiellrechtlich betrachten den § 866 auch Gaupp und Wilmowski-Levy (s. oben Anm. 1), die ihn aber gleichwohl auch für ausländische Schiedssprüche gelten lassen. S. auch unten Anm. 12 Abs. 2.

[10]) S. v. Bar S. 538; Wach S. 249 f.

[11]) Wilmowski-Levy § 866 Anm. Abs. 3. Diese Meinung teilt auch Gaupp § 866 Anm. Ziff. 3, obwohl er, wie bereits (oben Anm. 9) bemerkt, den § 866 zum Privatrechte zählt; gleichwohl läßt er (§ 868 Anm. 3 a. E.) nicht die Vollstreckungsklage, sondern nur eine Civilklage (vgl. oben VI Note 4 ff.) stattfinden, wenn „der Schiedsspruch nach dem Rechte des Auslandes überhaupt nicht staatlich vollstreckbar ist". Daß auch Kohler S. 491 und Struckmann-Koch § 868 Anm. 1 diese Ansicht teilen (wie Gaupp und Wilmowski-Levy a. a. O. meinen), darauf deutet u. E. nichts; noch weniger ist dies der Fall bei der gleich zu besprechenden RGE. (s. Anm. 12).

gerichtsbarkeit unabhängig. Wohl aber hat die Frage zu thun mit der Staatsgesetzgebung, insofern es sich darum handelt, ob die fremde oder unsere Gesetzgebung für die Wirkung des fremden Schiedsspruchs maßgebend sein soll. Das richtet sich aber, wenn nicht unser Recht ausdrücklich das Gegenteil verordnet, nach den Grundsätzen über die räumliche Herrschaft der Gesetze, wie sie in unserem Recht anerkannt sind.[12]) Und daß

[12]) Vgl. RGE. V S. 397 f.: „... kann nicht abgeleitet werden, daß das Gesetz die allgemeinen Bestimmungen über Statutenkollision aufheben, insbesondere also feststellen wolle, daß, wenn ein Schiedsspruch gemäß den Bestimmungen des Gesetzbuches zu stande gekommen ist, aus demselben unbedingt ein Vollstreckungsurteil beantragt werden könne, also auch dann, wenn diese Bestimmungen dem für das fragliche Rechtsverhältnis maßgebenden fremden Recht zuwiderlaufen." Merkwürdigerweise hat man diese Entscheidung im Sinne der gegenteiligen Ansicht aufgefaßt (so Gaupp und Wilmowski-Levy a. a. O. und auch Wach S. 249 Anm. 118, welcher unsere Ansicht teilt. Vgl. oben Anm. 10).

Ferner vgl. RGE. 29. Dez. 1888 in Jurist. Wochenschrift 1889 S. 169 f.: „Die materiellen Rechtswirkungen des ausländischen Schiedsspruchs sind, da in dieser Beziehung das Gesetz keine Norm enthält, in Gemäßheit der Grundsätze des internationalen Privatrechts nach dem Rechte des Auslandes zu beurteilen, soweit der Beklagte sich demselben unterworfen hat." Auch diese Entscheidung hat man für die gegenteilige Ansicht angeführt (Gaupp a. a. O.).

Der Irrtum scheint hinsichtlich der ersten Entsch. durch die darin enthaltenen Sätze veranlaßt, es sei gleichgültig, ob ein Schiedsspruch bereits im Ausland exekutorische Kraft erlangt habe, und die ausländische Vollstreckbarkeitserklärung selbst sei für das Inland bedeutungslos. Allein diese Bedeutungslosigkeit und Gleichgültigkeit wird dort nicht für die Frage behauptet, ob ein ausländischer Schiedsspruch ohne Rücksicht auf sein eigenes Recht kraft § 866 Rechtskraftwirkung für das Inland habe, sondern für die Frage, ob ein Schiedsspruch, wenn er im Ausland vollstreckbar, dadurch für seine Vollstreckung im Inland wie ein ausländisches Urteil (§§ 660, 661 CPO.) zu behandeln, und ob eine ausländische Vollstreckbarkeitserklärung zur Vollstreckung im Inlande überhaupt nötig sei (s. Näheres unter XXI Note 4, 8). So erläutert das RG. selbst seine Sätze in der Entsch. XXX S. 368 (369 f.).

Bezüglich der zweiten Entsch. scheint der richtige Sinn ganz klar. Denn § 866 betrifft doch eine materielle Rechtswirkung, kann sich also, gemäß der angeführten Stelle der Entsch., nicht auf ausländische Schieds-

§ 866 ohne Rücksicht auf diese gelten soll[13]), das wäre eben zu beweisen, oder es kommen auf Schiedssprüche dieselben internationalrechtlichen Grundsätze zur Anwendung, wie auf „andere lediglich auf dem Vertragswillen der Parteien beruhende“ Rechtsgeschäfte.

Dem „Vertragswillen der Parteien“ wird man zudem doch nicht dadurch gerecht, daß man demselben eine Wirkung beilegt, welche die Parteien selbst nicht gewollt[14]), vielleicht nicht einmal gekannt haben. Unbedenklich aber enthält § 866 CPO. sogenanntes dispositives[15]) Recht, gilt also nicht bei entgegenstehender Vereinbarung[16]), in diesem Falle also nicht einmal bei einem inländischen Schiedsspruch.[17])

Endlich gilt auch § 867 nur für inländische Schiedssprüche. Die Gründe sind die gleichen wie bei §§ 865, 866: Wortlaut, Zusammenhang, Inhalt. Die Möglichkeit der Anfechtung eines Schiedsspruchs richtet sich nicht nach der lex fori, sondern nach dem Gesetze, unter dem er materiell steht. Welches dieses Gesetz

---

sprüche beziehen. Zudem zitiert die Entsch. Wach S. 248 ff., der in diesem Punkt ganz unserer Ansicht ist.

[13]) Daß das inländische Recht solches anordnen **kann**, unterliegt keinem Zweifel.

[14]) S. v. Bar II S. 538: „Die entgegengesetzte Ansicht würde dem Schiedsvertrag einen Inhalt hinzusetzen, der nach den Gesetzen, welche für ihn maßgebend sind, nicht darin enthalten ist.“

[15]) Damit soll nicht gesagt sein, daß im gegenteiligen Fall § 866 für ausländische Schiedssprüche zu gelten hätte. Aus der zwingenden Geltung eines Rechtssatzes folgt nichts für dessen räumliches Geltungsgebiet (auch die Bestimmungen über Urteile gelten trotz zwingender Geltung nur für inländische Urteile).

[16]) Wach I S. 75 sagt: „Wie das Schiedsverfahren, so steht auch der Schiedsspruch unter der Disposition der Parteien.“ Dieser Satz ist gemeint von **nachträglicher** Disposition und im Gegensatz zu **Urteilen**. Letzteres wohl mit Unrecht. **Nach** dem Urteil, wie nach dem Schiedsspruch, können die Parteien die Wirkungen derselben beliebig anders gestalten und beseitigen. Eine **vorhergehende** Beeinflussung bezw. Beschränkung dieser Wirkungen ist aber nur beim Schiedsspruch möglich.

[17]) der dann selbstverständlich auch nicht vollstreckt werden kann und insoweit vor dem ausländischen Schiedsspruch durchaus nichts voraus hat (vgl. unten XX Note 7 ff.).

ist, das beantwortet sich nach den Grundsätzen des internationalen Privatrechts.[18])

IX.

Wir sind in vorstehendem (VIII) zu dem Ergebnis gelangt, daß keiner der §§ 851—867 Geltung für ausländische Schiedsverträge, ausländisches Schiedsverfahren oder ausländische Schiedssprüche beanspruchen kann. Da wäre es nun in der That höchst merkwürdig, wenn die CPO., nachdem sie die ganze Zeit nur von inländischen Rechtsverhältnissen geredet hat, nun auf einmal auch ausländische im Auge hätte, ohne das irgendwie auch nur im geringsten anzudeuten. Denn in § 868 fährt die CPO. mit den Worten weiter: „Aus dem Schiedsspruch" [1]) u. s. w. Dies kann deswegen eben nur der Schiedsspruch sein, von dem stets vorher die Rede war, d. h. der inländische.

Die Motive des Gesetzes führen zu demselben Ergebnis, wenn sie sagen: „Da der Schiedsspruch seine Kraft nicht der Autorität eines durch den Staat eingesetzten Gerichtes, sondern der Vereinbarung der Parteien entnimmt, so hängt seine Geltung davon ab, daß der Schiedsvertrag dem Gesetze und das schiedsrichterliche Verfahren dem Willen der Parteien und den ergänzenden Normen dieses Gesetzbuches entspricht. Fehlt es an diesen Erfordernissen, so ist dem Schiedsspruche die Grundlage

---

[18]) Soviel allgemein anerkannt. Im einzelnen herrscht Streit. S. Wach S. 249 Anm. 119; v. Bar II S. 540. Vgl. auch oben Anm. 1, 2, 12 und unten X Anm. 4 a. E., 12 und XXVIII Anm. 1.

[1]) Aehnlich RGE. V S. 397 ff.: „Nach §§ 866, 868 kann aus dem Schiedsspruche ein Vollstreckungsurteil beantragt werden. »Aus dem Schiedsspruche«, d. h. aus einem solchen Schiedsspruche, welcher nach den Bestimmungen des Gesetzbuches, wie sie in §§ 851—864, aber auch namentlich in § 867 enthalten sind, ergangen ist." Aber es mußte gesagt werden bloß: „Nach § 868", später aber: „§§ 851—**866**". Denn „nach § **866**" kann das Vollstreckungsurteil nicht beantragt werden; und warum „der" Schiedsspruch nicht gerade auch der Schiedsspruch der §§ 865, 866 sein soll, ist nicht einzusehen. Vgl. unten X Note 18.

entzogen."[2]) Besonders die Worte: „den ergänzenden Normen dieses Gesetzbuches" lassen erkennen, daß die Motive einen Schiedsspruch auf Grund eines den Vorschriften der CPO. entsprechenden Verfahrens, das ist einen Schiedsspruch inländischen Rechts im Auge haben.

So treten denn die natürliche Erklärung des § 868 nach Wortlaut und Zusammenhang und der Inhalt der Motive zu der Reihe der bereits erörterten[3]) übrigen Gründe hinzu; aus denselben dürfte sich mit Sicherheit soviel ergeben, daß § 868 ausländische Schiedssprüche als solche nicht zur Vollstreckung zuläßt.

X.

Wir sprachen bisher von ausländischen Schiedssprüchen, ohne anzugeben, wonach sich denn die ausländische Eigenschaft eines Schiedsspruchs bemißt. Nur wurde eingangs[1]) erwähnt, daß man gemeinhin ausländische Schiedssprüche gleichbedeutend nimmt mit im Ausland gefällten Schiedssprüchen, und angedeutet, daß eine solche Identifizierung nicht unbedenklich sei.

Bei allen andern zur Zwangsvollstreckung zugelassenen Titeln verursacht die Frage, ob ein inländischer oder ausländischer Titel vorliegt, nicht die geringste Schwierigkeit, und zwar deswegen, weil es entweder gerichtliche Titel sind — nämlich Urteile (CPO. §§ 644, 660), gerichtliche Vergleiche nach Erhebung der Klage (§ 702 Ziff. 1) oder vor Erhebung einer beabsichtigten Klage (§ 702 Ziff. 2), beschwerdefähige gerichtliche Entscheidungen (§ 702 Ziff. 3) und Vollstreckungsbefehle (§ 702 Ziff. 4) — oder notarielle Titel, nämlich die sogenannten exekutorischen Urkunden (§ 702 Ziff. 5). Bei diesen Titeln beantwortet sich die Frage einfach nach der niemals zweifelhaften Thatsache, ob das betreffende Gericht oder der betreffende Notar deutsch waren oder nicht.[2])

---

[2]) S. 479 (Hahn, Materialien II S. 496).

[3]) S. oben VIII a. A.

[1]) Oben I Note 1.

[2]) Vgl. oben II Note 2—5.

Bei den Schiedssprüchen hingegen liegt die Sache so einfach nicht, daß man, wie es meistens geschieht[3]), nur zu fragen bräuchte, wo denn der Schiedsspruch gefällt ist, im Inland oder im Ausland. Denken wir uns folgendes Beispiel:

Zwei in Deutschland wohnende Deutsche schließen in Deutschland einen in Deutschland zu erfüllenden Kaufvertrag und zugleich einen anschließenden Schiedsvertrag, in welchem in Deutschland wohnende Deutsche zu Schiedsrichtern ernannt sind; Parteien und Schiedsrichter treffen sich gelegentlich an einem Handelsplatz des Auslandes, das Schiedsgericht tritt, die günstige Gelegenheit benützend, zusammen, verhandelt mit den Parteien und fällt seinen Spruch. Soll dieser Schiedsspruch, weil im Ausland gefällt, ein ausländischer sein, d. h. unter dem ausländischen Recht stehen[4]), oder soll er nicht vielmehr ein inländischer sein und sich nach dem Rechte des Inlandes beurteilen?[5])

Denken wir uns den umgekehrten Fall: Staatsangehörigkeit und Wohnsitz der Parteien und der Schiedsrichter, Ort des Vertragsschlusses und der Vertragserfüllung im Ausland, nur das Schiedsverfahren und der Schiedsspruch zufällig im Inland.

---

[3]) S. oben I Note 1.

[4]) Mithin: Soll für das Verfahren, soll für die Form des Schiedsspruches das am Orte des Schiedsgerichts geltende Recht maßgeben? Soll es sich also nach ausländischem Recht beurteilen, ob die Schiedsrichter richtig bestellt, ob sie zum Schiedsrichteramt befähigt waren, ob das Verfahren den Gesetzen entsprach, ob die Schiedsrichter bei Stimmengleichheit sich einen Obmann wählen durften, welche Majorität zum Zustandekommen des Schiedsspruchs erforderlich ist, ob der Schiedsspruch von allen Schiedsrichtern unterschrieben werden muß, ob der Schiedsspruch den Parteien zugestellt und ob er bei Gericht oder bei einer anderen Behörde niedergelegt werden muß, ob er mit Rechtsmitteln anfechtbar ist? Wir glauben, diese Fragen stellen, heißt sie verneinen, wenigstens für das obige Beispiel; dann ist aber schon zugegeben, daß der Ort, wo der Schiedsspruch gefällt wird, unwesentlich ist, sonst müßte er immer maßgeben. (A. M. Seuffert § 868 Anm. 3; Kohler S. 490 Note 107.) Vgl. aber unten Anm. 12, XXVIII Anm. 1 und oben VIII Note 14.

[5]) insbesondere auch als solcher zur Vollstreckung berechtigen.

Sollen wir den Schiedsspruch als inländischen behandeln[6]), ihn insbesondere ohne weiteres zur Vollstreckung zulassen?[7])

Es kommt hinzu, daß diese Unterscheidung nach dem Ort des Schiedsgerichts wohl auch ganz versagt, z. B. dann, wenn die Schiedsrichter an verschiedenen Orten des Inlandes und des Auslandes wohnen, die Rechtsstreitigkeit schriftlich[8]) verhandeln und den gefällten Spruch den Einzelnen an ihren Wohnsitz zur Unterschrift zugehen lassen.

Die Schiedssprüche in inländische und ausländische zu unterscheiden, je nachdem sie im Inland oder im Ausland gefällt sind, ist also unwesentlich[9]) und oft sogar unmöglich.

Zu demselben Ende müßte ersichtlich der Versuch führen, die Staatsangehörigkeit der Parteien oder der Schiedsrichter oder den Wohnsitz dieser Personen zum Unterscheidungsmerkmal[10]) zu machen.

Auch eine Unterscheidung nach dem Orte, wo der Hauptvertrag oder der Schiedsvertrag abgeschlossen wurde, ist unbrauchbar.[11]) Denn dies kann ebenfalls ein rein zufälliger, unwesentlicher Umstand sein und das Rechtsverhältnis selbst in jeder Beziehung einem ganz andern Rechtsgebiet angehören. Und wie sollte es gehalten werden bei einem Vertragsschluß unter Abwesenden?

Das einzige Unterscheidungsmerkmal zwischen inländischen und ausländischen Schiedssprüchen, welches uns noch übrig bleibt, ist das Recht selbst, unter welchem der Schiedsspruch steht. In der That auch ein wesentliches Merkmal; der Rücksicht auf dieses entsprangen ja auch die Gründe, welche

---

[6]) Eine Folge davon wäre z. B., daß ein solcher Schiedsspruch ohne Beobachtung des § 865 CPO. überhaupt keine Klage, auch keine Erfüllungsklage, gäbe, weil er dann überhaupt rechtlich nicht existieren würde (vgl. oben VIII Anm. 7).

[7]) Obschon vielleicht nach dem für den Schiedsvertrag maßgebenden Recht der Schiedsvertrag überhaupt keine Rechtskraft besitzt (vgl. oben VIII Note 9, 14).

[8]) Zulässig auch nach CPO. Soweit dieselbe keine zwingenden Vorschriften gibt, haben die Schiedsrichter freie Hand. Nicht entgegen steht § 865.

[9]) [10]) [11]) Vgl. unten Note 17; s. aber unten Note 13.

oben zur Verwerfung der übrigen Merkmale führten. So unterschieden, ist ein inländischer Schiedsspruch ein solcher, welcher unter inländischem Recht steht; ein ausländischer ein solcher, welcher unter ausländischem Recht steht. Ob das eine oder das andere der Fall ist, das bemißt sich nach den Grundsätzen über die räumliche Herrschaft der Gesetze, den Grundsätzen des internationalen Privatrechts.[12])

Hiebei können diejenigen Umstände, welche wir oben als Unterscheidungsmerkmale verwarfen, insbesondere auch der Ort, wo der Schiedsspruch gefällt worden ist, insofern in Betracht kommen, als sie das Unterscheidungsmerkmal finden helfen, nämlich das maßgebende örtliche Recht; allein sie sind nicht selbst Unterscheidungsmerkmal.[13]) So kann ein Schiedsspruch, welcher im Ausland gefällt worden ist, ein ausländischer sein, weil und wenn ihn dieser Umstand unter das ausländische Recht gestellt hat, etwa, indem daraus für den gerade vorliegenden Fall die Unterwerfung der Parteien unter das ausländische Recht zu ersehen ist; er muß aber kein ausländischer sein, und er ist es nicht, wenn andere Umstände[14]) seine Unterstellung unter das inländische Recht begründen.

Diese Unterscheidung der Schiedssprüche in inländische und ausländische nach dem maßgebenden örtlichen Recht ist aber nicht nur die einzig mögliche, wie wir gesehen haben, sie ist auch geboten durch die rechtliche Natur der Schiedssprüche als Ausfluß des Parteiwillens, als Erscheinungen des Privatrechts.[15]) So wenig man bei Verträgen oder andern Rechtsgeschäften unterscheiden kann zwischen solchen, die im Ausland oder im

---

[12]) Welches Recht nach diesen Grundsätzen für den Schiedsspruch (auch für das Schiedsverfahren) maßgibt, ist sehr bestritten. Es kommen insbesondere in Betracht das Recht, unter dem der Schiedsvertrag selbst steht (ist selbst wieder bestritten), und das Recht am Orte des Schiedsgerichts (vgl. Wach S. 249; Kohler S. 489 ff.; RGE. XXX S. 371; Gaupp § 868 Anm. 3; oben VIII Note 14, 18, X Note 4, XIX Note 5, XXV Note 5). Näheres gehört nicht hierher (s. oben I Note 9).

[13]) S. oben Note 9—11.

[14]) Vgl. oben Text vor Note 4.

[15]) S. oben Note 4, 5.

Inland zu stande gekommen sind, oder bei welchen die Parteien im Inland oder im Ausland wohnen, oder dem Inland oder Ausland als Unterthanen angehören; wie aber diese Umstände von Bedeutung sein können, um das maßgebende örtliche Recht des einzelnen Rechtsverhältnisses zu ermitteln und dann nach diesem Recht das Rechtsverhältnis zu beurteilen: genau so muß es auch beim Schiedsspruch sein.

Daß insbesondere gerade der Ort, wo der Schiedsspruch gefällt wurde, an sich gleichgültig ist, ergibt sich auch aus § 868 CPO. Es wurde schon früher[16]) dargelegt, daß „der" Schiedsspruch dieses Paragraphen derjenige der vorhergehenden Paragraphen ist, das ist der inländische Schiedsspruch. Nach diesen Paragraphen braucht aber der Schiedsspruch durchaus nicht im Inland gefällt zu sein; § 865 des Gesetzes, welcher sonst so genaue und weitgehende Vorschriften gibt, verlangt nicht einmal die Angabe des Ortes der Abfassung oder Unterschrift. Auch sonstige örtliche Bezugnahme kennt das Gesetz nicht.[17]) Nun ist aber der Sinn des § 868 Abs. 1 der[18]), daß aus einem Schiedsspruch, welcher den Bestimmungen der §§ 851—867 entspricht, die Zwangsvollstreckung stattfindet.[19]) Ein Mehreres

---

[16]) S. oben IX Note 1, 2.

[17]) Vgl. RGE. V S. 397 (398): „Das Gesetz läßt unberücksichtigt, wo der Schiedsvertrag abgeschlossen und wo der Schiedsspruch erfolgt ist, desgleichen, welcher Nationalität die Parteien und die Schiedsrichter angehört haben." — Die Unterscheidung der Schiedssprüche nach dem Orte, wo sie gefällt sind, ist also direkt irreführend (s. oben I Note 1).

[18]) Vgl. RGE. V S. 397 (399): „Der Sinn des Gesetzes ist der, daß, wenn ein Schiedsspruch den Bestimmungen der CPO. gemäß rechtmäßig erfolgt ist, die Anerkennung der Zulässigkeit der Zwangsvollstreckung aus demselben durch ein Vollstreckungsurteil beantragt werden kann, daß das Vollstreckungsurteil aber auch nur unter dieser Voraussetzung erfolgen darf."

[19]) Damit ist natürlich nicht gesagt, daß der Richter die Beobachtung dieser sämtlichen Paragraphen von Amts wegen zu prüfen hätte (s. unten XXIV Anm. 3). Und andererseits ist dieser Forderung schon genügt, wenn auch nur die zwingenden Vorschriften der CPO. erfüllt sind (darüber s. unten XIX Note 3—6).

wird nicht verlangt[20]), insbesondere nicht, daß der Schiedsspruch im Inland gefällt sei. Ist er also im Ausland gefällt, entspricht aber den §§ 851—867, so wird er vollstreckt.

XI.

Es ist möglich, daß ein Schiedsspruch nach den Grundsätzen des internationalen Privatrechts nicht unter unser Recht fällt, gleichwohl aber thatsächlich den Vorschriften der CPO. entspricht, sowohl materiell wie formell.[1]) Soll ein solcher Schiedsspruch durch § 868 zur Zwangsvollstreckung zugelassen sein? Man könnte zweifeln und sagen, in solchem Falle hätten wir es mit einem ausländischen Schiedsspruch zu thun und ein solcher sei gemäß unserer früheren Ausführungen von der Vollstreckung ausgeschlossen.

Bei näherer Betrachtung verliert dieser Zweifel die Berechtigung, die er auf den ersten Blick zu haben scheint, wenn man nur festhält, daß es sich in § 868 um die Zwangsvollstreckung dreht. Es kann ein ausländischer Titel, d. h. ein solcher, dessen Inhalt sich ganz nach dem ausländischen Recht beurteilt, recht wohl zugleich ein inländischer Vollstreckungstitel sein, so z. B. wenn über ein unter ausländischem Recht stehendes Rechtsverhältnis vor einem inländischen Notar eine sogenannte exekutorische Urkunde errichtet wird. Vorausgesetzt wird nur, daß der Titel den Erfordernissen, welche das inländische Recht für die Vollstreckung aufstellt, entspricht; denn für die inländische Vollstreckung ist allerdings das inländische Recht ausschließlich maßgebend.[2])

Aus § 868 geht nun allerdings hervor, daß ein Schiedsspruch nur vollstreckt werden kann, wenn er den vorausgehenden Bestimmungen, das ist denjenigen, welche für das Inland gelten, welche die inländischen Schiedsverhältnisse beherrschen, entspricht[2a]),

---

[20]) S. unten XXI Note 1a.

[1]) Vgl. unten Anm. 3, XIX Note 3 ff., XXIV Anm. 3.

[2]) Vgl. oben II Note 5a, VI nach Note 2.

[2a]) S. oben IX Note 1.

daß also ausländische Schiedssprüche als solche nicht zur Vollstreckung berechtigen, weil sie als solche nirgends dazu zugelassen sind — und das ist es, was wir früher ausführten. Aber nicht folgt aus § 868, daß Schiedssprüche, welche vom ausländischen Recht beherrscht werden, nicht in dem Falle, daß sie den Erfordernissen des inländischen Rechts an die Vollstreckbarkeit genügen, zur Vollstreckung zugelassen wären.

Ob ein Schiedsspruch diesen Erfordernissen genügt, beurteilt sich allerdings meistens[3]) nach dem den Schiedsspruch beherrschenden ausländischen Recht. Allein, wo das Gesetz mit einem bestimmten Thatbestande bestimmte Wirkungen verknüpft, ist es gleichgültig, wie das Vorhandensein des Thatbestandes zu erklären ist, es muß genügen, daß er vorhanden ist.[4]) Der Umstand, daß nicht inländisches, sondern ausländisches Recht beim Entstehen des Thatbestandes einwirkte, und die gewesene Möglichkeit, daß auf diese Weise sich leicht ein anderer Thatbestand hätte ergeben können, vermag das thatsächliche Vorhandensein des Thatbestandes nicht mehr zu beeinträchtigen.

Der praktische Fall ist der, daß ein dem ausländischen Recht unterstehender Schiedsspruch den §§ 851—867 mit Ausnahme des § 865 entspricht. Werden die Formvorschriften dieses Paragraphen noch erfüllt, so genügt damit ein solcher ausländischer Schiedsspruch allen Erfordernissen des inländischen Rechtes an die Vollstreckbarkeit eines Schiedsspruchs und ist damit inländischer Vollstreckungstitel geworden.[5])

[3]) Ganz gehören hierher die Eigenschaften, deren Vorhandensein sich nach den materiellen Vorschriften des bürgerlichen Rechts richtet, z. B. Vergleichsfähigkeit der Parteien (vgl. CPO. § 851 und unten XVI Note 3—7), Rechtskraft des Schiedsspruchs (vgl. CPO. § 866 und oben VIII Note 9 bis 17, unten XX Note 6 ff.). Formelle Vorschriften dürften noch nachträglich erfüllt werden können; wenigstens gilt das für § 865 (s. unten XX Anm. 1).

[4]) Vergleiche man andere Rechtsverhältnisse! Die Frage, ob jemand Eigentümer ist, kann ganz aus dem fremden Recht zu beurteilen sein. Die Klagen zum Schutze seines Eigentums im Inland u. s. w. bemessen sich nach unserm Recht.

[5]) Die Erfüllung dieser Form entspräche dann der gerichtlichen bezw. notariellen Form der übrigen Vollstreckungstitel (s. oben II).

Für die Vollstreckung ausländischer Schiedssprüche haben wir nunmehr folgende Regel gewonnen:

Aus dem ausländischen[6]) Schiedsspruch als solchem findet die Zwangsvollstreckung nicht statt, sondern nur dann, wenn er materiell und formell den Vorschriften der CPO. in §§ 851—867 entspricht.[7])

XII.

Wenn nun den Bestimmungen der CPO. §§ 851—867 thatsächlich von einem ausländischen[1]) Schiedsspruch genügt wird, so berechtigt dieser deswegen noch nicht unbedingt zur Zwangsvollstreckung. Er muß außerdem nach seinem, dem fremden Recht gültig sein. Denn dadurch, daß er den §§ 851—867 entspricht, wird er nicht gültiger[2]), als er vorher war; er wird nur zur Zwangsvollstreckung geeignet, wenn er gültig ist, unterliegt also, so gut wie andere Vollstreckungstitel[2a]), noch den Angriffen, welche den Anspruch selbst betreffen. Daraus ergibt sich die wichtige Folgerung, daß ein ausländischer Schiedsspruch, um zur inländischen Zwangsvollstreckung zu führen[3]),

[6]) S. oben X Text vor Note 6 und Note 19.

[7]) Damit stimmt überein RGE. V S. 397 (s. oben IX Anm. 1, X Anm. 18). Gleicher Ansicht scheinen — die Fassung und der Mangel an Gründen läßt Zweifel übrig — auch Petersen §§ 867—70 Bem. II („Die Vorschriften der §§ 868 ff. gelten auch für ausländische Schiedssprüche . . . in derselben Weise und unter denselben Voraussetzungen, wie bei im Inland ergangenen Schiedssprüchen"); Wilmowski-Levy § 868 Anm. 1 („Vorauszusetzen ist für einen ausländischen Schiedsspruch, daß er den gleichen Voraussetzungen der §§ 865, 851 ff. entspricht"); Struckmann-Koch § 868 Anm. 1 und Rintelen S. 671 (diese beiden durch Verweisung auf RGE. V S. 397).

[1]) S. oben X Note 12.

[2]) Für den inländischen Schiedsspruch sind die §§ 851—867 Bedingungen der Gültigkeit und Existenz, und deswegen auch der Vollstreckung; nur letzteres für den ausländischen Schiedsspruch, der aber auch so bestehen und gelten kann. Vgl. oben VI Anm. 12, unten XXVII Note 4.

[2a]) S. CPO. § 705.

[3]) Ob er sonstige Wirkungen im Inland ohne Beobachtung der inländischen Vorschriften hat, ist eine andere Frage (s. unten XXXI).

dem ausländischen[4]) sowohl, wie auch dem inländischen (§§ 851—867 CPO.) Recht entsprechen muß.[5]) Die Gründe zur Verweigerung des Vollstreckungsurteils[6]) können daher auch im ausländischen Recht wurzeln.[7])

So genügt es nicht, daß die Parteien vergleichsberechtigt waren, wenn das maßgebende ausländische Recht die Zulässigkeit des Schiedsvertrags noch an andere oder schwerere Bedingungen knüpft.[8]) Ein Vollstreckungsurteil kann nicht erlassen werden, wenn das fremde Recht Schiedsverträge über künftige Streitigkeiten ausschließt, ein solcher aber in Frage steht.[9]) Kennt das fremde Recht eine Unzulässigkeit des Verfahrens und Nichtigkeit des Spruches wegen Unfähigkeit der Schiedsrichter[10]) oder wegen bestimmter Mängel des Verfahrens[11]), so nützt es nichts, daß die unfähigen Schiedsrichter nicht oder nicht rechtzeitig abgelehnt wurden oder der Mangel des Verfahrens nach der CPO. nicht besteht oder mangels rechtzeitiger Rüge geheilt wäre. Die Beobachtung des § 865 schafft keinen formell perfekten Schiedsspruch, wenn das ausländische Gesetz andere Formen für dessen Zustandekommen vorschreibt.[12])

XIII.

Die der hier vertretenen entgegengesetzte Meinung[1]) erblickt in § 868 eine Vorschrift, welche auch ausländische Schieds-

4) Vgl. RGE. oben VIII Anm. 12.

5) S. aber oben X Anm. 19, unten XVI Note 4 und XIX Note 4.

6) Wegen Aufhebung des ausländischen Schiedsspruchs s. unten XXVII—XXIX.

7) S. XIV Note 2, 3, XVI Note 6, XVIII Note 3, 7, XXV Note 10 ff., XXIX Note 3—5.

8) Vgl. CPO. § 851, unten XXV Note 11.

9) Vgl. CPO. § 852, unten XXV Note 16.

10) S. unten XXV Note 19.

11) S. unten XXV Note 21.

12) S. unten XX Note 5.

1) Sie vertreten außer Francke, Kohler und v. Bar (s. oben IV Note 3—5) auch Wach S. 250 („Jeder nach diesem — sc. örtlichen — Recht rechtskräftige Schiedsspruch — gleichviel wie er entsteht — gibt bei

sprüche als solche zur Vollstreckung zuläßt. Die Konsequenz[2]) dieser Ansicht ist, daß das inländische Gericht auf Grund des § 868 lediglich die Gültigkeit des ausländischen Schiedsspruchs zu prüfen hat, selbstverständlich nach dem maßgebenden ausländischen Recht.

Es ließe sich mit dieser Ansicht vielleicht noch eine Prüfung des ausländischen Schiedsspruchs auf Beobachtung des § 851, äußersten Falles auch noch des § 852 CPO. vereinbaren[3]), indem man sagen könnte, wenn die CPO. Schiedssprüche zur Zwangsvollstreckung zulasse, so meine sie damit Schiedssprüche in ihrem Sinne, d. i. nach § 851, eventuell noch § 852. Völlig folgewidrig aber ist es, ausländische Schiedssprüche als solche im allgemeinen zur Zwangsvollstreckung nach § 868 zuzulassen, aber noch die Beobachtung einer einzelnen anderen Bestimmung[4]) der CPO. zu verlangen.[5]) Insbesondere gilt dies hinsichtlich § 865.

Entweder läßt § 868 ausländische Schiedssprüche als solche zur Zwangsvollstreckung zu oder nicht. Läßt er sie als solche nicht zu, dann ist nicht bloß Beobachtung des § 865, sondern aller[6]) Bestimmungen der CPO. zu fordern, weil „der" Schiedsspruch des § 868 dann der Schiedsspruch aller dieser Bestimmungen ist.[6a]) Läßt er sie aber als solche zu, so fragt es sich nur mehr, ob ein rechtsgültiger ausländischer Schiedsspruch vorhanden ist. Das ist aber der Fall auch ohne Beobachtung des § 865, welcher ja nur die Form für das Zustandekommen inländischer Schiedssprüche regelt.[7])

---

uns Klage auf Vollstreckungsurteil nach § 868 Abs. 1 CPO."), obwohl er vorher sagt: „Die Anwendung unseres Rechts (CPO. §§ 852—872) auf das fremde Laudum ist unmöglich"; ebenso Seuffert § 868 Anm. 3 (mit Modifikationen; s. unten XVII und XXIV).

[2]) S. Kohler S. 490 Anm. 108, 492.

[3]) Vgl. Wach oben in XI Anm. 7; Näheres unten XVII a. E.

[4]) Daß die Zuständigkeit eines deutschen Gerichts gegeben sein muß (s. Seuffert § 868 Anm. 3), ist selbstverständlich.

[5]) Vgl. Gaupp § 865 Bem. I Anm. 3, § 868 Bem. I.

[6]) S. oben X a. E., XI Note 7.

[6a]) S. oben IX Note 1.

[7]) S. oben VIII Note 6, 7. — RGE. V S. 397 (400) sagt mit

Man[7a]) hat die Anwendung des § 865 auf ausländische Schiedssprüche damit zu verteidigen gesucht, daß man die Beobachtung desselben als eine Voraussetzung für die Erlassung des Vollstreckungsurteils bezeichnet hat.[8]) Allein diese Bezeichnung trifft im eigentlichen Sinne nicht zu, und in dem Sinne, in dem sie zutrifft, ist sie nicht beweisend.

Die Beobachtung des § 865 ist nicht im eigentlichen Sinne Voraussetzung für die Erlassung des Vollstreckungsurteils. Welches die Voraussetzungen sind, das ergibt sich aus § 868, nämlich ein Schiedsspruch und das Fehlen von Thatsachen, welche nach § 867 dessen Aufhebung begründen würden. Ein — ausländischer — Schiedsspruch ist aber, wie bemerkt, auch ohne Beobachtung des § 865 vorhanden; und unter den Aufhebungsgründen des § 867 befindet sich ein Verstoß gegen § 865 auch nicht, mit gutem Grund. Das Gesetz konnte unmöglich als Grund zur Aufhebung eines Schiedsspruchs einen Umstand aufzählen, der mit dem Nichtvorhandensein eines — inländischen — Schiedsspruchs gleichbedeutend ist. Daß § 865 bei inländischen Schiedssprüchen beachtet sein muß, wenn ein Vollstreckungsurteil erlassen werden soll, ist allerdings richtig, weil sonst, wie gesagt, ein Schiedsspruch überhaupt nicht vorliegt. Daher kann man wohl in einem weiteren Sinn die Form des § 865 als Voraussetzung der Zwangsvollstreckung bezeichnen; richtiger nennt man sie aber Voraussetzung der Existenz des Schiedsspruchs, und diese ist dann allerdings Voraussetzung der Zwangsvollstreckung, wie schon bemerkt. Wo aber die Existenz auch ohne jene Form gegeben ist, da ist auch in jenem weiteren Sinne die Beobachtung des § 865 nicht mehr Voraussetzung der Erlassung des Vollstreckungsurteils.

Bezug auf einen ausländischen Schiedsspruch, für die Prüfung der Frage, ob ein formell perfekter Schiedsspruch vorliege, sei § 865 CPO. maßgebend. Diese Fassung ist sehr bedenklich, wenn nicht falsch. Man könnte nur sagen, ob ein formell vollstreckbarer ausländischer Schiedsspruch vorliege, bemesse sich nach § 865 (vgl. oben XI vor Note 2, XII Note 2, 12, unten XX Note 1—4).

[7a]) S. Anm. 5.

[8]) Sich stützend auf die in Anm. 7 erwähnte RGE. V S. 397.

§ 2. Die Anwendungen der Bestimmungen der Civilprozeßordnung auf ausländische Schiedssprüche im einzelnen.

XIV.

Aus ausländischen Schiedssprüchen findet, so war das Resultat der bisherigen Untersuchung[1]), die Zwangsvollstreckung nur statt, wenn dieselben den Vorschriften der CPO. §§ 851—867 entsprechen. Diese an sich sehr einfache Regel verursacht in ihrer Anwendung auf einzelne Fälle Schwierigkeiten. Der Lösung derselben gilt die folgende Darstellung.

Vor allem muß darnach der ausländische Schiedsspruch, falls er zur Vollstreckung führen soll, dem § 851 bezw. § 872 CPO. entsprechen. Darin liegt folgendes.

Die durch den Schiedsspruch entschiedene Rechtsstreitigkeit muß dem bürgerlichen Recht angehören. Das steht zwar nicht ausdrücklich in §§ 851. 872; allein diese Paragraphen haben es, wie die CPO. überhaupt[2]), nur mit bürgerlich-rechtlichen Verhältnissen zu thun. Was aber eine bürgerlich-rechtliche Streitigkeit ist, regelt die CPO. nicht, weder in §§ 851. 872, noch sonstwo; dies beurteilt sich daher nach demjenigen örtlichen Rechte, welchem die durch den Schiedsspruch entschiedene Rechtsstreitigkeit nach den Grundsätzen über die räumliche Herrschaft der Gesetze angehört. Daß diese Rechtsstreitigkeit auch nach dem Recht des Gerichtes, welches das Vollstreckungsurteil erlassen soll (§§ 868. 871), dem bürgerlichen Recht angehört, ist nicht erforderlich. Dagegen besteht ein Bedenken umsoweniger, als auch ein inländischer Schiedsspruch eine Streitigkeit betreffen kann, welche zwar nach dem maßgebenden inländischen örtlichen Recht, nicht aber nach dem Rechte des urteilenden

---

[1]) S. X Note 18, 19, XI Note 6, 7.

[2]) EG. z. CPO. § 3. Näheres gehört nicht hierher. Vgl. Seuffert 10. Buch Vorbem. 1; Gaupp ebenda Vorbem. II; Wilmowski-Levy 10. Buch Vorbem.

Gerichtes dem bürgerlichen Recht angehört, ein solcher Schiedsspruch aber zweifelsohne zur Vollstreckungsklage berechtigt.[3])

Man streitet darüber, ob §§ 851. 872 CPO. nur für Rechtsstreitigkeiten gelten, welche vor die ordentlichen Gerichte gehören. Die überwiegende Meinung bejaht die Frage.[4]) Für die Unterstellung einer ausländischen Anordnung schiedsrichterlichen Verfahrens unter §§ 851. 872 dürfte dieselbe ohne Belang sein. Denn die Unterscheidung zwischen Rechtsstreitigkeiten ordentlicher und besonderer Gerichtsbarkeit gilt nur für das Inland.[5]) Demnach verlangen §§ 851. 872 CPO., denen

---

[3]) Vgl. unten XXV Note 14. So gewähren ja auch ausländische Urteile Vollstreckungsklage (§§ 660, 661), wenn der zuerkannte Anspruch nach seinem Recht bürgerlichrechtlich war bezw. als solcher vom ausländischen Gericht behandelt und zugesprochen worden ist (vgl. Seuffert § 661 Anm. 5a; Francke S. 24 f.).

[4]) Wegen § 3 EG. z. CPO. (vgl. z. B. Seuffert 10. Buch Vorb. 1c), u. E. mit Unrecht. „Die CPO.," sagt das Gesetz, „findet auf alle bürgerlichen Rechtsstreitigkeiten Anwendung, welche vor die ordentlichen Gerichte gehören." Den Sinn dieser Bestimmung geben die Motive (S. 482, s. Hahn Materialien II S. 499) dadurch wieder, daß sie sagen, rücksichtlich der Streitigkeiten ordentlicher Gerichtsbarkeit sei das Verfahren der Prozeßordnung zwingend. Das Gesetz sagt also: Die Vorschriften der CPO. müssen angewandt werden in Sachen der ordentlichen Gerichtsbarkeit; es sagt nicht, daß sie sämtlich anwendbar sind; auch nicht, daß sie in andern Sachen nicht angewendet werden dürfen, und noch weniger, daß sie sich sämtlich nur auf Sachen der ordentlichen Gerichtsbarkeit beziehen. Es steht mithin nichts im Wege, diejenigen Vorschriften der CPO., welche sich auf andere Sachen beziehen, auch darauf anzuwenden. Ob es solche Vorschriften in der CPO. gibt, beantwortet sich, unabhängig von § 3 EG., zunächst nach deren Inhalt. Es ist bemerkenswert, daß die Motive a. a. O. nur vom „Verfahren" sprechen. Francke a. a. O. S. 26 weist mit Recht darauf hin, daß die CPO. selbst Vorschriften gibt, welche zweifellos auch auf die Rechtsverhältnisse besonderer Gerichtsbarkeit zu beziehen sind (§§ 702 Ziff. 5, 706). Gerade auch § 851 geht seinem Inhalt nach auf alle Streitigkeiten bürgerlichen Rechts.

[5]) Vgl. Seuffert § 661 Anm. 5b („Die inländische Kompetenzverteilung ist als Maßstab nicht brauchbar und die Einhaltung der ausländischen Kompetenzverteilung für das Inland interesselos"); v. Bar II S. 467; Francke S. 29 ff. (für ausländische Urteile Vollstreckungsklage

allerdings auch ausländische Schiedssprüche zum Zwecke der Zwangsvollstreckung entsprechen müssen, inhaltlich wenigstens von diesen nicht, daß die entschiedene Rechtsstreitigkeit vor die ordentlichen Gerichte, sei es des Inlandes oder des Auslandes, gehört bezw. gehört hätte.

XV.

Die Vorschriften des 10. Buches der CPO. beziehen sich nicht auf alle Arten von Entscheidungen, die den Namen Schiedssprüche tragen, sondern einmal nur, wie wir eben sahen, auf Entscheidungen bürgerlicher Rechtsstreitigkeiten durch Schiedsrichter, und sodann auch auf diese nur, wenn dieselben durch Schiedsgerichte gefällt worden sind, welche auf dem Parteiwillen beruhen. Denn § 851 spricht von der „Vereinbarung, daß die Entscheidung einer Rechtsstreitigkeit durch einen oder mehrere Schiedsrichter erfolgen solle“, § 872 von „Schiedsgerichten, welche in gesetzlich statthafter Weise durch letztwillige oder andere nicht auf Vereinbarung beruhende Verfügungen angeordnet werden“.

Nur in diesen beiden Fällen liegen „Schiedsgerichte“ und „Schiedssprüche“ im Sinne der CPO. vor. Der ausländische Schiedsspruch, auf Grund dessen ein Vollstreckungsurteil erlassen werden soll, muß also gemäß der Regel unter den einen oder andern Fall passen, muß mithin ergangen sein auf Grund eines durch Parteiwillen angeordneten schiedsrichterlichen Verfahrens.[1]) Alle anderen sogenannten Schiedssprüche sind von der Vollstreckung nach § 868 ausgeschlossen.[2])

---

nach §§ 660, 661 zugelassen, ohne Rücksicht auf Zuständigkeit ordentlicher oder besonderer Gerichte nach inländischem oder nach ausländischem Recht).

[1]) Vgl. Seuffert 10. Buch Vorb. 2; Gaupp ebenda; Wilmowski-Levy § 851 Anm. 1.

[2]) Eine andere Frage ist, ob solche „Schiedssprüche“ nicht als „Urteile“ nach §§ 660, 661 CPO. zu behandeln sind (s. Wilmowski-Levy § 660 Anm. 1; v. Bar II S. 538).

Ausgeschlossen sind demnach vor allem alle Entscheidungen von Schiedsgerichten, welche das ausländische Gesetz anordnet.[3]) Denn hier beruht der Schiedsspruch nicht auf dem Parteiwillen.

Dagegen sind nicht ausgeschlossen, wenigstens nicht an und für sich, diejenigen Schiedssprüche, welche von Schiedsrichtern gefällt worden sind, die, alle oder zum Teil, nicht von den Parteien, sondern vom Gericht ernannt wurden. Sie sind es nur dann, wenn auch das Schiedsverfahren selbst nicht durch die Parteien, sondern durch das Gesetz vorgeschrieben ist.[4]) Sie sind es aber nicht, wenn die Ernennung erfolgte auf Grund des Parteiwillens, auf Grund der durch Parteiwillen stattgehabten einseitigen oder zweiseitigen Verfügung schiedsrichterlichen Verfahrens.

Einzelne Fälle dieser Art sind: Der Schiedsvertrag benennt die Schiedsrichter nicht, bestimmt aber, daß mangels einer späteren Uebereinkunft unter den Parteien das Gericht dieselben zu benennen habe. Oder: Im Schiedsvertrag fehlt die Verweisung auf die gerichtliche Ernennung, dieselbe geschieht aber gleichwohl, weil für diesen Fall das Gesetz solche vorsieht. Oder: Das Gericht ernennt an Stelle der dazu verpflichteten, aber säumigen Partei auf Antrag der Gegenpartei.[4a])

Man hat dagegen eingewendet, in solchen Fällen sei der Schiedsspruch nicht die Folge eines bloßen Parteivertrages, sondern eines Parteivertrages und eines dazu tretenden judiziellen Aktes des Auslandes.[5]) Dieser Einwand steht im Widerspruch mit der Sachlage. Der „judizielle Akt des Auslandes", nämlich die gerichtliche Ernennung des oder der Schiedsrichter, ist selbst die „Folge eines bloßen Parteivertrags" in allen obigen Fällen. Das Eingreifen eines Gerichtes ändert an und für sich keineswegs die rechtliche Natur des Rechtsverhältnisses,

---

[3]) Fall der sog. Arbitrage forcé. Vgl. v. Bar II S. 538 f.; Kohler S. 493 Note 115—117. S. Anm. 2.

[4]) Dann ist der Fall derselbe wie der vorige (s. Note 3 und vgl. Anm. 2).

[4a]) Vgl. CPO. §§ 855 Abs. 2, 857.

[5]) Kohler S. 493.

in welches eingegriffen wird.[6]) Eine Zahlung bleibt Zahlung, ob sie freiwillig erfolgte oder durch das Gericht erzwungen wurde. Ein Vertrag ändert nicht dadurch seine rechtliche Natur, daß die Zustimmung des einen oder andern Kontrahenten durch ein gerichtliches Urteil erzwungen oder vielmehr ersetzt wird.[7]) So geschieht auch in den obigen Fällen die Ernennung der Schiedsrichter nicht ohne Rücksicht auf den Willen der Parteien, vielmehr zu dessen Verwirklichung, als dessen rechtliche[8]) Folge. Die Regelung der gerichtlichen Ernennung von Schiedsrichtern in der CPO. bietet dafür ein treffendes[9]) Beispiel.[10])

Man hat weiter eingewendet, in dem Schiedsspruch in obigen Fällen trete zugleich die Autorität des ausländischen Staates zu Tage[11]), deswegen liege kein Ausfluß reiner Partei-

---

[6]) Anders v. Bar II S. 593: „Hier muß der Umstand entscheiden, ob . . . richterliche Gewalt eingegriffen hat; ist dies irgend geschehen, so ist alles Weitere als eine Folge des autoritativen Eingreifens der Staatsgewalt zu betrachten." Vgl. aber unten Anm. 10.

[7]) Vgl. CPO. § 779 und unten Anm. 10.

[8]) Und zwar civilrechtliche (s. oben VIII Note 1, 2) für das Gebiet der CPO. Das wäre ein Grund mehr für unsere Ansicht. Obige Ausführungen treffen aber auch dann zu, wenn und wo das Schiedsverfahren als Prozeß zu behandeln ist (s. oben VI Anm. 7).

[9]) Das Gericht ernennt statt der — civilrechtlich (s. vorige Anm.) — dazu verpflichteten Partei. Den Antrag auf Ernennung muß die Gegenpartei stellen, und zwar auf dem Wege der Klage (vgl. Seuffert § 855 Anm. 2, § 857 Anm. 4; insbes. Wach S. 69, 73).

[10]) Insofern wenigstens kann man nicht von einer „Zwitterbildung" (s. v. Bar II S. 539) der CPO. reden. Irgend ein Mittel muß es geben, die säumige Partei zur Erfüllung ihrer durch den Schiedsvertrag übernommenen Verpflichtungen, wozu die Ernennung der Schiedsrichter gehört, zu zwingen, oder, wenn dies nicht möglich ist, die mangelnde Erfüllung geeignet zu ersetzen. Dieser Zwang und dieser Ersatz können aber nur durch gerichtliches Eingreifen bewerkstelligt werden, hier wie sonst (vgl. insbes. CPO. §§ 773—775); nur daß hier wenigstens ein Ersatz für die Erfüllung erreicht wird, sonst oft nur für den durch die Nichterfüllung entstandenen Schaden (s. CPO. § 778). Allein der Zwang des Gerichtes ändert nicht die rechtliche Natur der erzwungenen Leistung oder Ersatzleistung. Vgl. Note 7 und Mayer S. 72.

[11]) Kohler S. 494.

vereinbarung vor. Daß das Zutagetreten staatlicher Autorität beim Eingriff in irgend ein Rechtsverhältnis an und für sich dessen rechtliche Natur nicht verändert, wurde schon bemerkt.[12]) Zudem hat aber in den obigen Fällen der von der „staatlichen Autorität" ernannte Schiedsrichter selbst durchaus nicht das Geringste von dieser „staatlichen Autorität" an sich, was ihn von einem durch die Parteien ernannten Schiedsrichter unterschiede oder auszeichnete. Er wird nicht „Richter" mit richterlicher Gewalt; er spricht nicht Recht als Vertreter der staatlichen Autorität, die ihn ernannt hat; sein Spruch hat nicht die Kraft staatsgerichtlicher Entscheidung.[13]) Der gerichtsseitig ernannte Schiedsrichter steht dem parteiseitig ernannten in jeder Beziehung völlig gleich, wenn nur seine Ernennung vom Gericht erfolgt, das schiedsrichterliche Verfahren selbst aber von den Parteien angeordnet ist.

Man hat endlich eingewendet, bei einem Abkommen der Parteien, daß mangels einer Uebereinkunft die Schiedsrichter vom Gericht ernannt werden sollen, liege die Sache ebenso, wie wenn beide Teile sich freiwillig einem ausländischen Gericht unterworfen hätten: in diesem Falle aber könne das Urteil im Inland nicht als Schiedsspruch bezeichnet werden.[14]) Letzteres ist zweifellos richtig; allein die Behauptung, daß die Fälle ebenso liegen, ist nichts anderes als eine petitio principii und ist inhaltlich falsch. Warum soll die Unterwerfung unter eine Entscheidung gerichtlich ernannter Schiedsrichter dasselbe sein, wie die Unterwerfung unter die Entscheidung des Gerichtes selbst, und die Entscheidung Urteilsnatur haben? Mit gleichem Rechte könnte man umgekehrt behaupten, die freiwillige Unterwerfung unter die Entscheidung eines Gerichts mache diese zum Schiedsspruch.[15]) Wodurch sich Urteil und Schiedsspruch unter-

---

[12]) S. oben Note 6 ff.; vgl. aber Note 2.

[13]) Vgl. z. B. die deutsche CPO. und oben Note 10.

[14]) Kohler S. 494.

[15]) Wie es denn auch der Fall ist, wenn ein Gericht nicht als solches, sondern als Schiedsgericht entscheidet. Vgl. Seuffert § 858 Anm. 1; Gaupp ebenda Bem. I.

scheiden, das sind die entscheidenden Personen, dort staatliche Organe, hier Privatpersonen. Und daß die Ernennung des Schiedsrichters durch das Gericht demselben den privaten Charakter benimmt und ihm richterlichen Charakter verleiht, das eben wäre zu beweisen. Das Gegenteil ist, wie wir bereits sahen [16]), der Fall.

Jene gesetzlichen Bestimmungen über die Ernennung der Schiedsrichter durch das Gericht greifen, was weiter zu erwägen ist, nur Platz, wenn die Parteien keine anderweite Vereinbarung getroffen haben [17]), z. B. daß die mit Ernennung säumige Partei nur eine Vertragsstrafe zahle, oder daß beim Nichtzustandekommen einer Einigung über die Personen der Schiedsrichter der Schiedsvertrag erlösche. Daher sind jene Bestimmungen wie sonstiges dispositives Recht weiter nichts als der nicht ausdrücklich erklärte Parteiwille.

Aus alle dem folgt: Die gerichtliche Ernennung von Schiedsrichtern gemäß dem Gesetz auf Grund eines Schiedsvertrages benimmt dem Schiedsspruch nicht seine Natur als Ausfluß der Parteivereinbarung oder des Parteiwillens und entzieht daher denselben nicht der Unterstellung unter § 851 CPO.; dies umsoweniger, als auch gerade die CPO. die Ernennung von Schiedsrichtern durch das Gericht kennt und regelt. Ein ausländischer Schiedsspruch dieser Art ist daher von einem Vollstreckungsurteil nach § 868 nicht ausgeschlossen.

Das Gleiche gilt, wenn den ausländischen Schiedsrichtern die Beobachtung gewisser Grundsätze für das schiedsrichterliche Verfahren vorgeschrieben war [18]), aus etwa den gleichen Gründen

---

[16]) Oben Note 11—13.

[17]) So insbesondere nach der CPO. § 854 ff. Vgl. noch oben VIII Note 15, 16.

[18]) A. M. v. Bar II S. 539. Er nennt solche Grundsätze „prozessuale". Das sind sie nicht, wenn und wo das Schiedsverfahren nicht Prozeßverfahren ist (s. oben VI Anm. 7 und vgl. oben Anm. 8). Dann sind sie vielmehr civilrechtliche (s. oben VIII Note 1, 2) Vorschriften über die Form von Rechtsgeschäften.

wie in dem letztbesprochenen Fall. Die Beobachtung solcher Grundsätze hindert nämlich nicht, daß die Thätigkeit der Schiedsrichter gleichwohl auf dem Parteiwillen beruht; die Schiedsrichter gewinnen dadurch nicht amtliche oder richterliche Eigenschaft, der Schiedsspruch nicht Urteilsnatur. Soweit diese Grundsätze dispositives Recht enthalten, stellen sie den Parteiwillen dar. Soweit dieselben zwingende Geltung besitzen, ändern dieselben gleichfalls nichts an der rechtlichen Natur des schiedsrichterlichen Verfahrens; denn die zwingende Geltung einer Regel gestattet keinen Schluß auf die rechtliche Natur des geregelten Gegenstandes[19]), weil alle Arten des privaten wie des öffentlichen Rechts zwingende Rechtssätze aufweisen.

Daraus folgt: ein ausländischer Schiedsspruch, der unter Beobachtung gewisser Vorschriften durch die Schiedsrichter zu stande gekommen ist, besitzt gleichwohl den Charakter eines Schiedsspruches im Sinne des § 851 CPO. und ist dadurch vom Vollstreckungsurteil nach § 868 nicht ausgeschlossen, umsoweniger, als auch die CPO. derartige Vorschriften enthält.[20])

XVI.

Die vorausgehenden Erörterungen (XIV und XV) zeigten, daß ein Schiedsspruch im Sinne des 10. Buches der CPO. nur dann vorliegt, wenn derselbe eine bürgerliche Rechtsstreitigkeit entscheidet und auf Parteiwillen beruht. Dies gilt unterschiedslos

---

[19]) So ist für gewisse bürgerliche Rechtsgeschäfte (z. B. Verträge über Immobilien, Testamente, Zessionen, Realanerbieten, Verträge für Minderjährige, Errichtung einer Handelsgesellschaft u. s. w.) die Beobachtung gewisser Formen und Grundsätze verlangt.

[20]) Eine andere Frage ist es, ob nicht jene bei Erlaß des ausländischen Schiedsspruchs beobachteten Grundsätze den zwingenden (s. unten XIX Note 3—6) Vorschriften der CPO. zuwiderlaufen. In diesem Falle wäre das Vollstreckungsurteil zu versagen, allein nicht wegen der Gebundenheit der Schiedsrichter an jene ausländischen Grundsätze, sondern wegen der Unvereinbarkeit derselben mit den Vorschriften der CPO. (s. oben XI a. E.).

für Schiedssprüche auf Grund eines Schiedsvertrags wie auf Grund einseitiger Anordnung des Schiedsverfahrens. Alles, was in dieser Hinsicht gesagt wurde, trifft auf § 872 ebensogut zu wie auf § 851.

Wir fügen hinzu: jene Erörterungen stehen in keinem Zusammenhang mit der Frage, die uns zuerst hauptsächlich beschäftigte, nämlich, ob § 868 ausländische Schiedssprüche als solche zur Vollstreckung zuläßt oder nur dann, wenn dieselben den Vorschriften der CPO. wie inländische Schiedssprüche entsprechen.[1]) Das gewonnene Resultat leidet daher im einen wie im andern Falle Anwendung.

Die Regelung der Voraussetzungen aber, unter denen es dem Parteiwillen gestattet ist, eine bürgerliche Rechtsstreitigkeit der Entscheidung durch Schiedsrichter zu unterstellen, hat in der CPO. eine verschiedene Behandlung gefunden, je nachdem das Schiedsverfahren durch Vertrag oder durch einseitige Verfügung angeordnet wird.

Während nämlich für den ersteren Fall die CPO., wie wir gleich sehen werden, noch weitere Vorschriften gibt, begnügt sie sich im letzteren Fall damit, auf die anderweit darüber bestehenden Gesetze[2]) zu verweisen, indem sie von Schiedsgerichten spricht, welche „in gesetzlich statthafter Weise durch letztwillige oder andere nicht auf Vereinbarung beruhende Verfügungen angeordnet werden“.

Die Gesetze, auf welche damit die CPO. Bezug nimmt, sind nicht die Gesetze am Ort des für die Vollstreckungsklage zuständigen Gerichtes, sondern die Gesetze, welche nach den Grundsätzen des internationalen Rechts maßgeben. Die Zulässigkeit der einseitigen Anordnung schiedsgerichtlichen Verfahrens beurteilt sich also bei einem ausländischen Schiedsspruch nach ausländischem Recht.

---

[1]) Vgl. oben IV Note 4, 5, und X Note 16—19.

[2]) Näheres gehört nicht hierher. Wach S. 67 Anm. 13 hält die Anordnung von Schiedsgerichten durch Testament über Streitigkeiten zwischen Erben und Legataren nach allen in Deutschland geltenden Civilrechten für zulässig.

Ueberhaupt, wo die CPO. auf sonstiges, besonders auf das bürgerliche Recht verweist oder Bezug hat, ist darunter im Zweifel niemals das am Orte des Gerichts geltende, sondern das nach den Grundsätzen über die räumliche Herrschaft der Gesetze maßgebende Recht zu verstehen.[3]) Wenn wir früher[4]) den Satz aufstellten, ein ausländischer Schiedsspruch müsse, um zur inländischen Vollstreckung zu berechtigen, dem ausländischen und dem inländischen Recht entsprechen, so ist dem hinzuzufügen, daß das bei der Frage der Vollstreckbarkeit in Betracht kommende inländische Recht (CPO. §§ 851—867) in den meisten Punkten keine Bestimmungen gibt, sondern auf das bestehende, ausländische oder inländische, maßgebende Recht verweist. Deswegen sind es, unbeschadet der grundsätzlichen Geltung jenes Satzes, doch nur verhältnismäßig wenig Punkte, in denen der ausländische Schiedsspruch zum Zweck der Zwangsvollstreckung dem inländischen Recht entsprechen muß.[5])

Die Voraussetzungen des Schiedsvertrags hat die CPO., anders wie im Falle des § 872, nicht ganz dem sonst bestehenden Recht überlassen, sondern sie bestimmt in § 851, der Schiedsvertrag habe „insoweit rechtliche Wirkung, als die Parteien berechtigt sind, über den Gegenstand des Streites einen Vergleich zu schließen". Daraus folgt: ein ausländischer Schiedsspruch kann nur dann zur Zwangsvollstreckung zugelassen werden, wenn die Parteien des Schiedsvertrags auch zu einem Vergleich über den Streitgegenstand berechtigt gewesen wären. War also die eine oder die andere Partei zwar berechtigt zum Abschluß des Schiedsvertrags, nicht aber im gleichen Falle zum Abschluß eines Vergleichs, indem etwa die ausländische Gesetzgebung an jenen mindere Anforderungen stellt, als an diesen, so ist das Vollstreckungsurteil zu versagen. Das kann man etwa so formulieren: Die CPO. legt der freiwilligen Unterwerfung unter die Entscheidung von Privatpersonen für das Gebiet

---

[3]) Vgl. oben VIII Anm. 12 und unten XXV Note 1, 2, 4.

[4]) S. oben XII Note 3—5.

[5]) Vgl. noch unten XXIV Anm. 3.

der Zwangsvollstreckung[5a]) keine Wirkung bei, wenn nicht auch die rechtliche Möglichkeit eines Vergleichs bestand.[6])

In welchen Fällen eine Partei zum Abschluß eines Vergleichs berechtigt ist, regelt die CPO. nicht; daher gibt dafür das örtliche, inländische oder ausländische, Recht Maß, und zwar sowohl für die Frage, ob die Personen des Schiedsvertrags die zum Abschluß eines Vergleichs über den Streitgegenstand nötige Handlungsfähigkeit besaßen, wie auch für die weitere Frage, ob die Sache, der Streitgegenstand, überhaupt Gegenstand eines Vergleiches sein konnte oder aber der freien Verfügung der Parteien entzogen war.[7])

XVII.

Der Grund zur Anwendung des § 851 auf ausländische Schiedssprüche liegt, wie wir früher[1]) sahen, darin, daß solche nur unter der Bedingung ein Vollstreckungsurteil gewähren, daß sie den Vorschriften der CPO. (§§ 851—867) überhaupt entsprechen. Man verficht die Anwendung des § 851 auf ausländische Schiedssprüche auch noch aus anderen Gründen.

„Die Erteilung des Vollstreckungsurteils", sagt man[2]), „beruht auf Ausschließung der richterlichen Kognition über die schiedsgerichtlich entschiedene Rechtsstreitigkeit; ob aber die Kognition des inländischen Gerichtes durch einen konkreten Vertrag ausgeschlossen werden kann, ist nach dem inländischen Recht zu bemessen." Diese Begründung hält nicht Stand.

Ob die Entscheidung eines Rechtsstreites den inländischen Gerichten entzogen werden kann, das beurteilt sich allerdings zweifellos nach inländischem Recht — der zweite der obigen Sätze ist also richtig. Allein dieses inländische Recht sagt eben

---

[5a]) S. oben XII Anm. 3.

[6]) Vgl. oben V Note 2—4, VI Note 5 ff.

[7]) S. v. Bar S. 540 und unten XXV Note 12.

[1]) S. oben XI Note 6, 7.

[2]) Seuffert § 868 Note 3.

nirgends, daß dies nur durch Verträge oder Schiedsverträge geschehen könne, welche auch nach inländischem Recht gültig wären — dieser in der obigen Begründung in Gedanken zu ergänzende Satz ist nicht richtig. Er folgt vor allem nicht aus § 851 selbst, dessen Inhalt[3]) mit der Möglichkeit oder Zulässigkeit der Ausschließung richterlicher Kognition nichts zu thun hat. Er stände in Widerspruch mit den Grundsätzen des internationalen Privatrechts, welche die CPO. auch sonst nicht antastet. Endlich folgt aus anderen Bestimmungen der CPO. direkt der gegenteilige Standpunkt, nämlich:

Ein Ausländer ist im Inland prozeßfähig, wenn er es im Ausland nach dortigem Recht ist, also nach Maßgabe seiner ausländischen, nicht nach Maßgabe seiner inländischen Handlungsfähigkeit.[4]) Ist er prozeßfähig, so kann er zweifellos gültig eine Vereinbarung über die Zuständigkeit eines Gerichtes treffen.[5]) Eine solche Vereinbarung ist aber auch dann zulässig, wenn sie ein ausländisches Gericht als zuständig bezeichnet[6]), also die Kognition der inländischen Gerichte ausschließt. Mithin kann ein nach inländischem Recht prozeßunfähiger, nach ausländischem Recht aber prozeßfähiger Ausländer die Kognition der inländi- Gerichte ausschließen; es gibt also eine solche Ausschließung durch Verträge, welche nach Maßgabe des inländischen Rechts ungültig wären.

Was aber in dieser Hinsicht von der Zuständigkeitsvereinbarung gilt, trifft ebenso und noch mehr auf den Schiedsvertrag zu, bei dem die CPO. den Parteien noch freiere Hand läßt wie bei jener, insofern selbst eine ausschließliche Zuständigkeit der Gerichte durch Schiedsvertrag, nicht aber durch bloße Zuständigkeitsvereinbarung beseitigt werden kann.[7])

---

[3]) Vgl. oben VIII Note 1—4.

[4]) Vgl. CPO. §§ 51, 53.

[5]) Vgl. CPO. § 38 und Kohler S. 495.

[6]) Vgl. Francke S. 38; v. Bar II S. 470; Seuffert § 38 Anm. 1 Abs. 4.

[7]) Vgl. CPO. §§ 40, 871 und Seuffert § 871 Anm. 3; Wilmowski-Levy § 871 Anm. 3.

Es kommt hiezu, daß durch einen Schiedsvertrag die Kognition der inländischen Gerichte nicht einmal ausgeschlossen wird — was der erste Satz der obigen Begründung wohl sagen soll — wenigstens nicht in einem Sinne, der den oben daraus gezogenen Schluß rechtfertigen könnte, von den bereits besprochenen Einwänden abgesehen. Denn der Schiedsvertrag greift nicht im eigentlichen Sinn in die Zuständigkeit der Gerichte ein, was sich unter anderem darin zeigt, daß er nicht die prozeßhindernde Einrede der Unzuständigkeit[8]) erzeugt, wie es die Zuständigkeitsvereinbarung thut.[9]) Er ist allerdings ein Vertrag, der eine Rechtsstreitigkeit außergerichtlich erledigt; wenn man das als Ausschließung richterlicher Kognition bezeichnen mag, so ist dies doch nur in einem sehr uneigentlichen Sinn der Fall, der auf noch andere Verträge ebenfalls zuträfe, insbesondere auch auf Vergleiche. Auch ein Vergleich erledigt in diesem Sinne eine Rechtsstreitigkeit unter „Ausschließung der richterlichen Kognition", aber niemand wird deshalb ausländische Vergleiche dem inländischen Recht unterstellen wollen. Und wohlgemerkt, wenn die hier bekämpfte Begründung richtig wäre, so würde ein ausländischer Schiedsspruch auf Grund eines dem § 851 nicht entsprechenden Schiedsvertrags nicht nur keine Vollstreckungsklage, sondern überhaupt keine Klage[9a]) gewähren; denn nicht nur die Erteilung des Vollstreckungsurteils, sondern überhaupt eines jeden auf den Schiedsspruch und bezw. den Schiedsvertrag gegründeten Urteils „beruht" in diesem Sinne „auf Ausschließung der richterlichen Kognition über die schiedsgerichtlich entschiedene Rechtsstreitigkeit".

Also: ob ein Schiedsvertrag zur außergerichtlichen Erledigung einer Rechtsstreitigkeit zulässig ist, bemißt sich — wie überhaupt alle Rechtsfragen vor einem inländischen Gericht — in erster Linie nach inländischem Recht; aber eben dieses inländische Recht verlangt von ausländischen Schiedsverträgen

---

[8]) S. CPO. §§ 247 Ziff. 1, 248; Seuffert § 851 Anm. 3a, § 247 Anm. 5.

[9]) S. Seuffert § 38 Anm. 2.

[9a]) S. Anm. 10.

nicht, daß sie auch nach den inländischen Bestimmungen über Schiedsverträge gültig wären, sondern erkennt dieselben an nach Maßgabe der Grundsätze über die räumliche Herrschaft der Gesetze. Wäre dem nicht so, dann müßte im Inland nicht nur die Vollstreckungsklage, sondern jede Klage auf Grund eines nach § 851 nicht gültigen Schiedsvertrags[10]) versagt werden.

Und warum sollte man bei der Anwendung des § 851 stehen bleiben? Mit demselben Recht wie vom Schiedsvertrag, kann auch vom Schiedsverfahren und vom Schiedsspruch gesagt werden, es sei „nach inländischem Recht zu bemessen, ob die Kognition des inländischen Gerichts" in einem „konkreten" Verfahren oder durch eine „konkrete" Entscheidung „ausgeschlossen werden kann". Damit wären aber sämtliche Vorschriften der CPO. bei ausländischen Schiedssprüchen für anwendbar erklärt.[11])

So zeigt sich auch hier[12]) die Unmöglichkeit, eine einzelne Bestimmung herauszugreifen. Dadurch gewinnt das Ergebnis der früheren Untersuchungen über die Anwendbarkeit des § 868 auf ausländische Schiedssprüche als solche[13]) eine neue Stütze.

XVIII.

Die CPO. besagt in § 852:

„Ein Schiedsvertrag über künftige Rechtsstreitigkeiten „hat keine rechtliche Wirkung, wenn er nicht auf ein be- „stimmtes Rechtsverhältnis und die aus demselben ent- „springenden Rechtsstreitigkeiten sich bezieht."

Wie den übrigen Bestimmungen der CPO., so muß ein ausländischer Schiedsspruch, für welchen Vollstreckungsurteil nach § 868 erlassen werden soll, auch diesem Paragraphen entsprechen.[1]) Das Vollstreckungsurteil ist also zu versagen, wenn

---

[10]) S. oben VI Note 5 ff., unten XXXI.

[11]) Und zwar mit der Note 9a, 10 angegebenen Tragweite.

[12]) Vgl. oben XIII Note 3 ff.

[13]) S. oben insbes. VIII a. A., XI a. E., XII a. A.

[1]) S. oben XI a. E., XII Anm. 3.

der Schiedsvertrag seinen Gegenstand nicht mit der im § 852 verlangten Bestimmtheit bezeichnet. Darnach formulieren wir: Die CPO. legt der freiwilligen Unterwerfung unter die Entscheidung von Privatpersonen für das Gebiet der Zwangsvollstreckung keine Wirkung bei, wenn sie sich nicht auf ganz bestimmte Rechtsstreitigkeiten bezieht[2]), sollte auch der Schiedsvertrag an sich nach ausländischem Recht gültig sein.

Läßt aber das ausländische Recht Schiedsverträge über künftige Rechtsstreitigkeiten überhaupt nicht zu, so hat der Schiedsvertrag und der Schiedsspruch auch im Inland keine Wirkung, nicht nur für das Gebiet der Zwangsvollstreckung, sondern überhaupt nicht.[3])

In § 853 bestimmt die CPO.:

„Ist nach den Bestimmungen des bürgerlichen Rechts „ein mündlich geschlossener Schiedsvertrag gültig, so kann „jede Partei die Errichtung einer schriftlichen Urkunde über „den Vertrag verlangen."

Es besteht kein Grund, von der Anwendung dieses Paragraphen auf ausländische Schiedsverträge abzusehen[4]), wenn für den Schiedsspruch Vollstreckung begehrt wird. Ob die Parteien auch nach Erlaß des Schiedsspruchs noch das Recht haben, die Errichtung einer schriftlichen Urkunde über den Schiedsvertrag zu verlangen, ist eine Frage nach dem Sinn des § 853, liegt also genau so, wie bei inländischen Schiedsverträgen.[5]) Hätte die eine oder andere Partei aber einmal rechtzeitig schriftliche Errichtung verlangt, die Gegenpartei aber sich dessen geweigert, so wäre die Erlassung eines Vollstreckungsurteils ausgeschlossen.

---

[2]) Vgl. oben VI Note 2—4, XVI Note 6, unten XXV Note 16; Kohler S. 498 f.; Wach S. 68.

[3]) nach dem oben XII Note 2—7 Gesagten. Vgl. noch unten XXV Note 16.

[4]) Praktisch wird allerdings der Paragraph für ausländische Schiedsverträge bezw. -Sprüche kaum einmal werden. Vgl. nächste Anm. und unten XIX Anm. 4.

[5]) Die Frage ist wohl unbedenklich zu verneinen. Die schriftliche Form hätte kaum noch einen Sinn.

Dabei bleibt gleichwohl richtig, daß an und für sich § 853 nur für inländische Schiedsverträge gilt[6]), eine Klage auf Verbriefung eines mündlich geschlossenen ausländischen Schiedsvertrags also nicht gewährt, sowie, daß nicht nur die Vollstreckungsklage nach § 868, sondern jede Klage wegfällt, wenn das maßgebende ausländische Recht für den Schiedsvertrag schriftliche oder öffentliche Form verlangt, aber nur mündlicher oder privatschriftlicher Vertragschluß vorliegt.[7])

XIX.

Nach § 853 CPO. folgt eine Reihe von Bestimmungen (§§ 854—864) über Ernennung und Ablehnung der Schiedsrichter, Außerkrafttreten des Schiedsvertrags, schiedsrichterliches Verfahren und Abstimmung der Schiedsrichter.[1]) Im Prinzip[2]) muß ein ausländischer Schiedsspruch, für welchen Vollstreckung gewährt werden soll, auch diesen Vorschriften entsprechen. Allein bei Anwendung dieses Grundsatzes ist der Unterschied zwischen zwingendem und dispositivem Recht von großer Bedeutung.

Wenn ausländische Schiedssprüche zum Zweck der Zwangsvollstreckung den Bestimmungen der CPO. entsprechen müssen, so müssen sie dies doch nicht mehr und weiter, als auch inländische Schiedssprüche.[3]) Mit andern Worten: Unbedingt zu entsprechen brauchen ausländische — wie inländische — Schiedssprüche nur den zwingenden Vorschriften der CPO.[4]), den dispositiven nur unter der Bedingung, daß die Parteien

---

[6]) S. oben VIII Note 1—5, XII Note 2.

[7]) S. oben XII Note 7 und unten XXV Note 15.

[1]) Auch diese Paragraphen gelten natürlich an und für sich nur für inländische Schiedssprüche (s. oben VIII Note 1—5). Eine nähere Darlegung ihres Inhaltes gehört deshalb nicht hierher, wird auch durch die Erörterung ihrer Anwendung auf ausländische Schiedssprüche nicht bedingt.

[2]) S. oben XI a. E.

[3]) S. oben X Text nach Note 16.

[4]) Dazu gehören die §§ 851, 852 und — wie oben XVIII Note 4 ff. vorausgesetzt — wohl auch § 853. Ebenso § 865 (s. unten XX Note 1—5). Wegen § 866 s. unten XX Note 7.

keine abweichende Vereinbarung getroffen haben. Welche Vereinbarung die Parteien getroffen haben, ist quaestio facti, ist Frage der thatsächlichen Feststellung, die sich aber mangels anderer Anhaltspunkte aus dem örtlichen Rechte, unter dem der Schiedsvertrag[4a]) steht, beantwortet[5]), genau wie bei andern Vertragsverhältnissen. Bei ausländischen Schiedsverträgen, also bei solchen, die unter ausländischem Recht stehen, ist daher im Zweifel anzunehmen, daß die Parteien die Vorschriften des maßgebenden ausländischen Rechts im Auge hatten und vereinbarten. Daraus folgt: Ausländische Schiedssprüche, für welche Vollstreckungsurteil begehrt wird, brauchen im Zweifel den dispositiven Vorschriften der CPO. nicht zu entsprechen, oder vielmehr: sie entsprechen den Vorschriften der CPO., wenn auch nur deren zwingender Inhalt erfüllt ist; im übrigen sind die Bestimmungen des maßgebenden ausländischen Rechts als vereinbart anzunehmen.[6]) Mithin brauchen auch die §§ 854—864 insoweit nicht erfüllt zu sein, als dieselben dispositives Recht enthalten.[7])

Das Gesagte gilt insbesondere für das Verfahren, weil dessen Regelung nach der CPO.[8]) vollständig in der Hand der Parteien liegt, den Grundsatz des rechtlichen Gehörs[9]) nicht ausgeschlossen. Demnach widerspricht beispielsweise dem inländischen Recht nicht ein Schiedsspruch, der, gemäß dem ausländischen Recht, unter Hinzuziehung eines sogenannten Superarbeiter[10]) oder in zweiter Instanz[11]) gefällt worden ist.

[4a]) bezw. das Schiedsverfahren.

[5]) Vgl. oben X Anm. 12.

[6]) Vgl. oben XI Note 18, 19, unten XXV Note 5.

[7]) Wie größtenteils der Fall ist.

[8]) § 860 Abs. 2.

[9]) §§ 860 Abs. 1, 867 Abs. 1 Ziff. 4 und Abs. 2. Vgl. ferner unten XX Note 11, XXVI Note 4.

[10]) Vgl. Kohler S. 494 Anm. 118 und oben XV Note 4 ff.

[11]) schiedsrichterlicher Instanz (vgl. dazu Struckmann-Koch § 867 Anm. 1). Nach manchen Gesetzgebungen ist Berufung an die Gerichte zugelassen. Ein Berufungsurteil in diesem Fall kann natürlich nicht als Schiedsspruch nach § 868 behandelt werden. Vgl. aber oben XV Anm. 2.

XX.

Die CPO. besagt in § 865:

„Der Schiedsspruch ist unter Angabe des Tages der „Abfassung von den Schiedsrichtern zu unterschreiben, den „Parteien in einer von den Schiedsrichtern unterschriebenen „Ausfertigung zuzustellen und unter Beifügung der Be„urkundung der Zustellung auf der Gerichtsschreiberei des „zuständigen Gerichts niederzulegen."

Ein ausländischer Schiedsspruch kann nur vollstreckt werden, wenn er auch dieser Vorschrift[1]) entspricht, weil er sonst nicht inländischer Vollstreckungstitel sein kann.[2]) Man darf aber nicht sagen, § 865 sei Voraussetzung der Vollstreckung im eigentlichen Sinn[3]) oder Bedingung für das Vorhandensein eines formell perfekten — ausländischen — Schiedsspruchs.[4]) Andererseits genügt die Beobachtung des § 865 allein noch nicht, wenn damit nicht zugleich auch die im Ausland vorgeschriebene Form erfüllt ist.[5])

§ 866 der CPO. lautet:

„Der Schiedsspruch hat unter den Parteien die Wirk„ungen eines rechtskräftigen gerichtlichen Urteils."

Daß dieser Paragraph den ausländischen Schiedssprüchen nicht Rechtskraftwirkung verleiht, wurde schon früher[6]) dargelegt. Andererseits muß aber ein ausländischer Schiedsspruch, der im Inland vollstreckt werden soll, diesem Paragraphen entsprechen[7]),

---

[1]) Ueber deren Inhalt herrscht Streit, besonders über die Frage, wer den Schiedsspruch zustellen könne und müsse. Nach herrschender Ansicht sind es die Schiedsrichter. Die Zustellung kann jederzeit, auch noch nach Erhebung der Vollstreckungsklage, wirksam erfolgen. So RGE. V S. 397, XIII S. 431, XVIII S. 369.

[2]) S. oben X Note 16—19, XI a. E., XII Note 2, XIX Anm. 4.

[3]) S. oben XIII a. E.

[4]) S. oben VIII Note 6, 7, XIII Note 6, 7.

[5]) S. oben XII Note 2, 12.

[6]) S. oben VIII Note 9—17.

[7]) Aber nicht etwa, weil § 866 zwingendes Recht enthielte (vgl. oben

er muß also schon nach seinem, dem fremden Recht die Wirkungen eines rechtskräftigen gerichtlichen Urteils haben.[8]) Hat er diese Wirkungen nicht[8a]), so kann er ebensowenig zur Vollstreckung zugelassen werden, wie im gleichen Fall ein inländischer Schiedsspruch.[8b])

Wenn § 866 dem Schiedsspruch die Wirkungen eines rechtskräftigen Urteils zuschreibt, so hat er dabei selbstverständlich ein inländisches Urteil, also die Wirkungen der Rechtskraft nach inländischem Recht[9]) im Auge. Mithin: Ein ausländischer Schiedsspruch kann im Inland zur Zwangsvollstreckung nach § 868 nur zugelassen werden, wenn ihm nach ausländischem Recht die Wirkungen zukommen, welche ein inländisches gerichtliches Urteil besitzt.[10])

Ein ausländischer Schiedsspruch muß zum Zwecke der Zwangsvollstreckung endlich dem § 867 CPO. entsprechen.

Nach dessen Ziff. 5 müssen Schiedssprüche mit Gründen versehen sein, aber gemäß Absatz 2 des Paragraphen nur dann, wenn die Parteien nicht ein anderes vereinbart haben. Die

---

XIX Note 4 ff.), denn dies ist nicht der Fall (s. oben VIII Note 14—17); sondern weil auf einen Schiedsspruch ohne Rechtskraftwirkung im Umfang des § 866 (s. unten XXI Note 1—2) der § 868 gar nicht mehr zutrifft. Denn dieser Paragraph hat den Sinn, daß Schiedssprüche wegen ihrer Rechtskraft zur Vollstreckung zugelassen werden.

[8]) Vgl. § 661 Abs. 2 Ziff. 1, wonach auch ein ausländisches Urteil nach ausländischem Rechte rechtskräftig sein muß, wenn es zur inländischen Vollstreckung führen soll.

[8a]) Dies ist insbesondere der Fall, wenn und solange der Schiedsspruch noch mit Berufung an eine zweite Instanz — richterliche oder schiedsrichterliche (s. oben XIX Note 11) — anfechtbar ist (vgl. Seuffert § 868 Anm. 3).

[8b]) S. oben VIII Anm. 17.

[9]) Also der Begriff (Inhalt) der Rechtskraft beurteilt sich nach inländischem, ihre Voraussetzungen (s. Anm. 8) nach ausländischem Recht. Das Gleiche ist anerkannt für ausländische Urteile, aus welchen auf Vollstreckung geklagt wird (s. Francke S. 32 ff.; v. Bar II S. 422 Anm. 21 a. E.).

[10]) Soweit — wie hinzuzufügen — § 866 diese Wirkungen den Schiedssprüchen verleiht. Es besteht nämlich Streit, in welchem Umfange dies der Fall ist (vgl. Wach S. 74 ff.).

Vorschrift der Begründung der Schiedssprüche besitzt demnach nicht zwingende Geltung, braucht also, nach früher[11]) gemachten Ausführungen, nicht erfüllt zu sein, wenn nicht das maßgebende ausländische Recht diese Vorschrift ebenfalls enthält.

Im übrigen gibt § 867 CPO. keine neuen, selbständigen Bestimmungen, die sich auf das Zustandekommen des Schiedsspruchs bezögen, sondern handelt von dessen Aufhebung, wovon später[12]) die Rede sein wird.

XXI.

Ein ausländischer Schiedsspruch berechtigt, wie wir sahen, zur inländischen Vollstreckung nach § 868, wenn er den Vorschriften der CPO. entspricht. Es erhebt sich die Frage, ob er auch *vollstreckbar* sein muß. Er muß es, aber nur in dem Sinn oder Umfang, wie auch inländische Schiedssprüche[1]), und zwar deswegen, weil er eben dieselben Eigenschaften haben muß, aber — als inländischer Vollstreckungstitel — auch nur zu haben braucht, wie diese.[1a]) Mit anderen Worten, der ausländische Schiedsspruch braucht nicht in dem Maße vollstreckbar zu sein, wie ein rechtskräftiges Urteil, nämlich insoweit nicht, als die *Zulässigkeit seiner Vollstreckung* noch einer *gerichtlichen Entscheidung unterliegen darf*[2]); denn insoweit sind auch inländische Schiedssprüche nach §§ 866. 868 nicht vollstreckbar.

Es erhebt sich die weitere Frage: Ist es zur Erlassung des Vollstreckungsurteils nach § 868 notwendig, daß eine derartige im Ausland vorgeschriebene Entscheidung auch wirklich *ergangen* ist? Es ist nicht notwendig, weil, wie schon

---

[11]) S. oben XIX Note 4—6, unten XXVI Note 5.

[12]) S. unten XXIII ff., insbesondere XXIV Note 1—3.

[1]) Ob man diese als „vollstreckbar" bezeichnen kann, darüber streitet man eben wegen der Notwendigkeit eines Vollstreckungsurteils nach § 868 (vgl. Wach S. 75).

[1a]) S. oben X Note 20.

[2]) All das beurteilt sich selbstverständlich nach ausländischem Recht (s. oben VIII Note 9—17, XX Note 6—10).

bemerkt, der ausländische Schiedsspruch als inländischer Vollstreckungstitel weiteren Anforderungen an die Vollstreckbarkeit als denen der CPO. nicht zu entsprechen braucht. Demgemäß muß er allerdings im Sinne des § 866 vollstreckbar[3]) sein, und zwar nach dem ausländischen Recht; es ist aber nicht notwendig, daß die zur ausländischen Zwangsvollstreckung erforderliche Zulässigkeitserklärung erfolgt ist. Noch viel weniger bedarf es also sonstiger, bei der Vollstreckung im Ausland vorgeschriebener Akte, wie z. B. einer einfachen Vollstreckbarkeitserklärung durch die zuständige ausländische Behörde.[4])

Wenn aber die ausländische Entscheidung über die Zulässigkeit der Zwangsvollstreckung oder die ausländische Vollstreckbarkeitserklärung bereits vorliegen, was ist die Folge davon für die inländische Vollstreckung? Keine, insoferne die Vollstreckung im Inland genau ebenso betrieben werden muß, wie im andern Falle[5]), denn für das Gebiet der Zwangsvollstreckung gilt ausschließlich das inländische Recht. Es bedarf also insbesondere nach wie vor des inländischen Vollstreckungsurteils. Jene ausländischen Akte können nur als Beweis dafür dienen, daß der Schiedsspruch Rechtskraftwirkung und Vollstreckbarkeit im Sinne des § 866 CPO. wirklich besitzt, daß also insofern seiner inländischen Vollstreckung nichts im Wege steht.[6])

Da, wie mehrfach bemerkt, es zur Vollstreckung des ausländischen Schiedsspruchs genügt[6a]), daß derselbe den Vorschriften der CPO. entspricht, so braucht er auch insbesondere die Voraussetzungen nicht zu erfüllen, unter denen für ausländische

---

[3]) S. Anm. 1.

[4]) Vgl. RGE. V S. 397 (400): „Die ausländische Vollstreckbarkeitserklärung (selbst aber) ist für das Inland bedeutungslos." S. aber unten XXX Note 15. So wird auch von einem ausländischen Urteil für die inländische Vollstreckung nur Rechtskraft verlangt, aber kein auf die Zwangsvollstreckung selbst bezüglicher Akt des Auslandes (CPO. § 661 Abs. 2 Ziff. 1).

[5]) Vgl. Gaupp § 868 Bem. I Anm. 4; Seuffert § 868 Anm. 3. S. aber unten XXX Note 15.

[6]) Vgl. v. Bar II S. 539 Anm. 137a a. E. und oben XX Note 6—8.

[6a]) Die Gültigkeit des Schiedsspruchs natürlich vorausgesetzt. Hier handelt es sich nur um die die Vollstreckung betreffenden Vorschriften.

Urteile ein Vollstreckungsurteil gewahrt wird.[7]) Daran wird auch in dem Falle nichts geändert, daß eine ausländische Vollstreckbarkeitserklärung[8]) oder Erklärung der Zulässigkeit der Zwangsvollstreckung bereits erfolgt ist; denn wenn der ausländische Schiedsspruch vorher als Schiedsspruch im Inland vollstreckbar war, so ist nicht einzusehen, wie er durch jene ausländischen Akte diese Fähigkeit wieder verlieren oder noch weiteren Bedingungen für die inländische Vollstreckung unterworfen werden sollte.

XXII.

Der Weg, auf welchem die Zwangsvollstreckung der ausländischen Schiedssprüche betrieben wird, ist natürlich derselbe wie bei inländischen Schiedssprüchen: Die Erhebung einer Klage auf Erlassung eines Vollstreckungsurteils (§ 868 Abs. 1) bei dem zuständigen Gericht (§ 871). Da für ausländische Schiedssprüche in dieser Hinsicht nichts Besonderes gilt, entfällt hier eine Erörterung der einschlägigen Fragen.

---

[7]) Vgl. Seuffert § 868 Anm. 3; Petersen §§ 867—870 Bem. II; Wilmowski-Levy § 660 Anm. 1; Wach S. 248 f.; Kohler S. 492 Anm. 114; v. Bar II S. 537.

[8]) Vgl. RGE. V S. 397 (399): „Es fehlt an jedem Grunde dafür, die Bestimmungen (sc. §§ 660, 661) . . . . auf die im Ausland ergangenen Schiedssprüche anzuwenden . . . . Es ist hierbei . . . . gleichgültig, ob ein Schiedsspruch bereits im Ausland exekutorische Kraft erlangt hat, denn dadurch wird er nicht selbst zum Urteile." Diese Stelle hat es nur mit der Frage zu thun, die oben im Text behandelt wird. Man hat in derselben die Behauptung finden wollen, ausländische Schiedssprüche seien im Inland rechtskräftig (§ 866 CPO.) und vollstreckbar, ohne Rücksicht auf das sie beherrschende ausländische Recht (s. oben VIII Anm. 12). Wortlaut und Zusammenhang sprechen gegen eine solche Auslegung. Zudem sagt das RG. selbst in einer späteren Entscheidung Bd. XXX S. 368 (369), auf die obige Entscheidung Bezug nehmend: „Der Umstand, daß der vorliegende Schiedsspruch in England . . . für vollstreckbar erklärt ist, bewirkt nicht, daß derselbe in Bezug auf die Anwendung der §§ 660 flg. dem Urteile eines englischen Gerichtshofes gleichzustellen ist. Auch dieser Grundsatz ist in der angeführten reichsgerichtlichen Entscheidung ausgesprochen." Die Stelle, wo dies geschehen, kann aber nur die obige sein.

B.

Zweiter Teil.

Die Gründe zur Verweigerung der Zwangsvollstreckung ausländischer Schiedssprüche.

§ 1. Die Verweigerungsgründe nach § 868 Abs. 2 der Civilprozeßordnung.

XXIII.

§ 868 Abs. 2 CPO. schreibt vor:

„Das Vollstreckungsurteil ist nicht zu erlassen, wenn „ein Grund vorliegt, aus welchem die Aufhebung des Schieds„spruchs beantragt werden kann."

Der vorausgehende § 867 beginnt mit den Worten: „Die Aufhebung des Schiedsspruchs kann beantragt werden" und zählt sodann die einzelnen Fälle auf. Dieser Paragraph gilt nicht für ausländische Schiedssprüche, wie bereits früher[1]) dargethan.

Es erhebt sich nun die Frage: Bezieht sich § 868 Abs. 2 nur auf die in § 867 aufgezählten Aufhebungsgründe? Oder bezieht er sich auf alle möglichen Aufhebungsgründe, nämlich, soweit ausländische Schiedssprüche in Frage stehen, sowohl auf die Aufhebungsgründe des § 867, wie auch auf die Aufhebungsgründe des fremden Rechts[2])? Oder bezieht er sich, je nachdem

[1]) S. oben VIII a. E.

[2]) S. oben VIII Anm. 18.

ein inländischer oder ein ausländischer Schiedsspruch in Betracht kommt, nur auf die einen oder nur auf die andern?[3])

Die Frage ist im Sinne der ersten Alternative zu beantworten: § 868 Abs. 2 bezieht sich nur auf die Aufhebungsgründe des § 867. Der Zusammenhang zeigt dies klar. Denn wenn § 868 Abs. 1 sagt, daß „aus dem Schiedsspruch" auf Erlaß eines Vollstreckungsurteils geklagt werden kann, und Abs. 2 dann fortfährt, das Vollstreckungsurteil sei in bestimmten Fällen nicht zu erlassen, so kann dieses Vollstreckungsurteil doch nur dasjenige sein, von dem eben Abs. 1 gesprochen hat, das ist das Vollstreckungsurteil „aus dem Schiedsspruch". Dieser Schiedsspruch ist aber der Schiedsspruch der §§ 851—867 CPO.[4]), und dieser hat sonst keine Aufhebungsgründe als die des § 867. Es ist also nicht möglich, unter den vom § 868 Abs. 2 erwähnten Aufhebungsgründen andere als die des § 867 zu verstehen. Oder sollte etwa der Sinn des § 868 Abs. 1 und 2 folgender sein: Aus dem Schiedsspruch der §§ 851—867 kann auf Erlaß eines Vollstreckungsurteils geklagt werden; das Vollstreckungsurteil ist jedoch zu versagen, wenn ein Grund vorliegt, aus welchem die Aufhebung eines solchen Schiedsspruchs oder eines andern Schiedsspruchs beantragt werden kann?

Demnach ist der Sinn des § 868 Abs. 2: ein Vollstreckungsurteil ist nicht zu erlassen, wenn einer der in § 867 aufgezählten Thatbestände vorliegt[5]), also nicht: „1. wenn das Verfahren unzulässig war; 2. wenn" u. s. w., genau so, als wenn § 868 Abs. 2 die sechs Ziffern des § 867 einfach wiederholte.[6])

XXIV.

Es ist klar, daß sich § 868 Abs. 2 auf diejenigen Schiedssprüche bezieht, für welche auch Abs. 1 gilt, also auf „den

[3]) S. unten XXIV Note 5.

[4]) S. oben IX Note 1, 2.

[5]) Woraus aber — für ausländische Schiedssprüche — nicht folgt, daß die Vollstreckung nur in diesen Fällen versagt werden könne (s. unten XXIX Note 3—5).

[6]) S. aber unten XXVII Note 4, 5.

Schiedsspruch" der §§ 851—867[1]), das ist bei ausländischen Schiedssprüchen auf diejenigen, welche den Vorschriften der CPO. entsprechen. Die Bestimmungen über Versagung des Vollstreckungsurteils greifen, wie oben[2]) ausgeführt, für denselben Schiedsspruch Platz, wie die Bestimmungen über die Gewährung des Vollstreckungsurteils. Da nun, wie oben gezeigt, die in Abs. 2 § 868 genannten Aufhebungsgründe nur diejenigen des § 867 sein können, so ergibt sich der Satz: Bei ausländischen Schiedssprüchen ist ein Vollstreckungsurteil nicht zu erlassen, wenn einer der Gründe vorliegt, aus welchen die Aufhebung eines inländischen Schiedsspruchs beantragt werden kann, also „1. wenn das Verfahren unzulässig war, 2. wenn" u. s. w. wie in § 867.[3])

Diese Regel hat man wohl auch wie folgt begründet:

„Die Voraussetzungen, unter denen das inländische Gesetz die staatliche Rechtshilfe des Inlandes zur Vollstreckung von Schiedssprüchen überhaupt gewährt, müssen auch bei einem ausländischen Schiedsspruche erfüllt sein." [4])

Zweifellos ist dieser Satz richtig; zweifellos regelt auch § 868 Abs. 2 eine Voraussetzung der Gewährung staatlicher Rechtshilfe zur Vollstreckung[5]) von Schiedssprüchen. Allein die Frage ist eben die, einmal, ob diese Regelung in § 868 Abs. 2 sich auf Schiedssprüche überhaupt, also auch auf ausländische bezieht, und, wenn man dies annimmt, ob diese Regelung am Ende nicht so zu verstehen ist, daß ein Vollstreckungsurteil für einen Schiedsspruch dann nicht gewährt wird, wenn er nach dem Rechte, unter dem er steht, aufgehoben werden

---

[1]) S. oben X a. E, XI a. E.

[2]) S. oben XXIII Note 4.

[3]) Daraus folgt auch, daß die Frage, welche von diesen Gründen von Amts wegen zu prüfen oder zu berücksichtigen seien, genau so liegt, wie bei inländischen Schiedssprüchen (darüber s. Seuffert § 868 Anm. 2; Petersen § 868—70 Bem. II; Wilmowski-Levy § 868 Anm. 2; Gaupp § 868 Bem. III; Struckmann-Koch § 868 Anm. 2). Vgl. oben X Note 19 und auch unten XXIX Note 3 ff.

[4]) Seuffert § 868 Anm. 3.

[5]) Vgl. oben XIII Text nach Note 8, VI Note 5—7.

kann. Daß die Worte „wenn ein Grund vorliegt, aus welchem die Aufhebung des Schiedsspruchs beantragt werden kann", bei ausländischen Schiedssprüchen nicht die nach deren eigenem Recht gegebenen Anfechtungsgründe[6]) im Auge haben, sondern auch hier stets nur die Anfechtungsgründe nach § 867 CPO., das eben war zu beweisen; die obige Begründung thut dies aber nicht. Nimmt man zudem an[7]), der Schiedsspruch des § 868 Abs. 1 sei jeder ausländische wie inländische Schiedsspruch als solcher, so müßte man folgerichtig dasselbe auch für Abs. 2 annehmen; dann aber spricht nichts dafür, daß § 868 Abs. 2 unterschiedslos den § 867 auf Schiedssprüche, gleichgültig, ob inländische oder fremde, für anwendbar erkläre. Vertritt man aber mit uns die Ansicht, daß ausländische Schiedssprüche als solche nicht vollstreckbar seien, sondern nur, sofern sie durch Erfüllung der Vorschriften der CPO. zum inländischen Vollstreckungstitel werden, dann ist es ebenso natürlich wie notwendig, anzunehmen, daß auch die Versagung der Vollstreckung in denselben Fällen wie bei inländischen Schiedssprüchen Platz greife. Der ausländische Schiedsspruch muß eben dem § 867 gerade so gut entsprechen, wie den anderen Bestimmungen der CPO.[8])

XXV.

Bei Anwendung des § 868 Abs. 2 macht sich abermals ein Umstand geltend, dem wir schon bei Anwendung anderer Bestimmungen[1]) Rechnung zu tragen hatten, der Umstand nämlich, daß die CPO. auf sonstiges Recht verweist. Im Zweifel ist in solchen Fällen, wie wir wiederholt betonen, das damit gemeinte Recht nach den Grundsätzen über die räumliche Herrschaft der Gesetze zu bestimmen.[2]) Außerdem müssen wir hier

---

[6]) Vgl. unten XXIX Note 3 ff.

[7]) Wie Seuffert a. a. O. selbst thut.

[8]) S. oben X a. E., XI a. E. und XIX Note 3—6.

[1]) S. oben XII Note 2, 7.

[2]) S. oben II Note 6, VIII Note 12, XVI Note 3—5.

noch festhalten, daß ausländische Schiedssprüche, wenn sie voll-streckt sein wollen, den zwingenden Vorschriften der CPO., die ja an und für sich nur für das Inland gelten, entsprechen müssen.[3]) Daraus folgt nämlich, daß die Thatbestände des § 867, soweit sie § 868 Abs. 2 als Gründe zur Vollstreckungsweigerung bezeichnet, auf die zwingenden Vorschriften der CPO. stets Bezug haben, falls solche dabei überhaupt in Betracht kommen. Daher ist einem ausländischen Schiedsspruch die Vollstreckung zu versagen sowohl auf Grund der zwingenden Vorschriften des inländischen Rechts (der CPO.), als auch auf Grund des maßgebenden ausländischen Rechts, soweit § 867 darauf Bezug hat.[4]) In den meisten Fällen dürften sich übrigens beide Arten von Gründen decken.

Im einzelnen gestaltet sich demnach die Anwendung des § 868 Abs. 2 auf ausländische Schiedssprüche folgendermaßen:

Das Vollstreckungsurteil ist zu versagen, „wenn das Verfahren unzulässig war" (§ 867 Ziff. 1). Als Gründe der Unzulässigkeit des Verfahrens kommen, da die CPO. selbst darüber keine Bestimmungen gibt, einmal sämtliche Thatsachen in Betracht, welche nach dem maßgebenden[5]) ausländischen Recht das Verfahren unzulässig machen; dieselben können hier nicht aufgezählt werden. Es kommen ferner in Betracht sämtliche Thatsachen, welche nach den zwingenden Vorschriften der CPO. das Verfahren unzulässig machen.[6]) Beiderlei Thatsachen lassen sich nicht erschöpfend aufzählen, die wichtigsten derselben können aber etwa in folgende Gruppen zusammengefaßt werden.[7])

a) Der erste und Hauptgrund besteht in der Nichtigkeit oder Anfechtbarkeit des Schiedsvertrags[8]). Welche Thatsachen diese begründen, beantwortet sich einmal nach dem

---

[3]) S. oben XIX Note 3—5.

[4]) Beispiele s. unten XXVII Anm. 6. Vgl. aber unten XXIX Note 3—5.

[5]) S. oben X Anm. 12.

[6]) S. Note 4 und oben XIX Anm. 4.

[7]) Vgl. Seuffert § 867 Anm. 2.

[8]) bezw. der einseitigen Anordnung schiedsrichterlichen Verfahrens (§ 872 CPO.).

maßgebenden örtlichen Recht und sodann nach den zwingenden Vorschriften der CPO.[9]) Im einzelnen können genannt werden:

1. Zwang, Betrug, Irrtum. Deren Voraussetzungen und Wirkungen beurteilen sich nach dem maßgebenden örtlichen Recht.

2. Mangelnde Handlungsfähigkeit. Die Parteien müssen, nach örtlichem Recht[10]), zum Abschluß eines Schiedsvertrags[11]) und zur Eingehung eines Vergleiches[12]) über den Gegenstand des Schiedsvertrags fähig gewesen sein.

3. Der Gegenstand des Schiedsvertrags war nach dem maßgebenden örtlichen Recht der freien Verfügung der Parteien entzogen.[13])

4. Der Gegenstand des Schiedsvertrags war nach dem maßgebenden örtlichen Recht kein bürgerlich-rechtlicher.[14])

5. Mangelnde gesetzliche Form des Schiedsvertrags.[15])

6. Mangelnde Bestimmtheit der Rechtsstreitigkeit. Der Vertrag muß hierin dem ausländischen und inländischen Recht entsprechen.[16])

7. Nichtigkeit des Hauptvertrags.[17])

b) Das Verfahren ist unzulässig, wenn der Schiedsvertrag wieder außer Kraft getreten ist, sei es auf Grund einer späteren

---

[9]) S. Note 4.

[10]) dem sog. Personalstatut nach herrschender Ansicht (vgl. Dernburg Pandekten § 48 Note 3, 4).

[11]) S. oben XII Note 2—8.

[12]) S. oben XVI Note 6, 7.

[13]) S. oben XVI Note 6, 7.

[14]) S. oben XIV Note 2, 3.

[15]) S. oben XII Note 2, XVIII Note 7. „Ob der Vertrag einer Form bedarf, ist nach dem am Orte des Vertragschlusses geltenden Recht zu beurteilen," sagt Seuffert § 868 Anm. 3. Richtiger dürfte sein, zu sagen, daß jene Form genügt, ebenso aber auch die Form des Rechtsgebietes, welchem der Schiedsvertrag überhaupt angehört, in welchem er „zu wirken bestimmt ist". Vgl. oben X Note 3—7 und Dernburg Pand. § 48 Note 1, 2.

[16]) S. oben XII Note 2, 9, XVIII Note 1—3.

[17]) Ob und wann diese die Nichtigkeit des Schiedsvertrages nach sich zieht, ist sehr bestritten (vgl. Kohler S. 481 ff.; Struckmann-Koch § 867 Anm. 2; Gaupp § 851 Bem. III).

Vereinbarung, sei es auf Grund anderer Ereignisse (Wegfall von Schiedsrichtern u. s. w.) All das richtet sich nach dem maßgebenden örtlichen Recht allein, da die Vorschriften der CPO. in diesen Punkten nur dispositiver Art sind.[18])

c) Unzulässigkeit des Verfahrens liegt ferner vor, wenn der Schiedsvertrag sich nicht auf die entschiedene Rechtsstreitigkeit bezieht. Ob dies der Fall, ist Thatfrage.

d) Als fernerer Grund der Unzulässigkeit des Verfahrens kommt in Betracht eine fehlerhafte Besetzung des Schiedsgerichts, sei es, daß dieselbe dem Gesetze, oder sei es, daß sie der Parteivereinigung zuwiderläuft. Ob, wann und wie lange ein derartiger Fehler das Verfahren unzulässig macht, beurteilt sich nach dem maßgebenden örtlichen Recht[19]) und nach den Vorschriften der CPO., falls letztere zwingend sind.[20])

e) Unzulässigkeit des Verfahrens kann endlich auch die Folge eines Fehlers in der Form des Verfahrens sein, sei dieselbe durch Gesetz oder durch Parteivereinbarung vorgeschrieben. Ob Unzulässigkeit des Verfahrens im einzelnen Fall gegeben ist, beantwortet sich auch hier nach dem maßgebenden örtlichen Recht[21]) und, wenn sie zwingend sind[22]), den Regeln der CPO.

XXVI.

Das Vollstreckungsurteil für einen ausländischen Schiedsspruch ist zu versagen „2. wenn der Schiedsspruch eine Partei zu einer Handlung verurteilt, deren Vornahme verboten ist" (§ 867 Ziff. 2).[1]) Ob dies der Fall ist, beurteilt sich ausschließlich

---

[18]) CPO. § 859

[19]) S. oben XII Note 2, 10.

[20]) Was aber kaum irgendwo der Fall sein dürfte.

[21]) S. oben XII Note 2, 11.

[22]) Man streitet darüber, ob nach der CPO. die Verletzung einer Regel des Verfahrens Unzulässigkeit desselben und damit Aufhebung des Schiedsspruches begründen (s. Seuffert § 867 Anm. 2 und daselbst die Litteratur).

[1]) Ueber den Sinn dieser Vorschrift herrscht nicht völliges Einvernehmen (vgl. Seuffert § 867 Anm. 3; Francke S. 21 f.; v. Bar S. 484).

nach inländischem Recht[2]), weil die Vorschrift im öffentlichen Interesse des Inlands gegeben ist.

Das Vollstreckungsurteil ist weiter zu versagen „3. wenn die Partei in dem Verfahren nicht nach Vorschrift der Gesetze vertreten war, sofern sie nicht die Prozeßführung ausdrücklich oder stillschweigend genehmigt hat“ (§ 867 Ziff. 3). Die Fragen, ob eine Vertretung notwendig und ob sie gesetzmäßig war, und ebenso, ob rechtswirksame Genehmigung erfolgt ist, beantwortet sich in allen Punkten nach dem jeweils[3]) maßgebenden örtlichen Recht.

Ferner ist das Vollstreckungsurteil nicht zu erlassen „4. wenn den Parteien in dem Verfahren das rechtliche Gehör nicht gewährt war“, es sei denn, daß „die Parteien ein anderes vereinbart haben“ (§ 867 Ziff. 4 und Abs. 2). Eine solche anderweite Vereinbarung ist gegeben, wenn das maßgebende ausländische Recht die Gewährung rechtlichen Gehörs nicht vorschreibt.[4])

Ein fernerer Versagungsgrund liegt vor „5. wenn der Schiedsspruch nicht mit Gründen versehen ist“, es müßten denn auch hier „die Parteien ein anderes verabredet haben“ (§ 867 Ziff. 5 und Abs. 2). Das haben sie aber, wenn das maßgebende örtliche Recht eine Begründung nicht verlangt.[5])

Ein Vollstreckungsurteil darf endlich nicht gewährt[5a]) werden „6. wenn die Voraussetzungen vorliegen, unter welchen in den

---

[2]) So auch anerkannt von denjenigen, welche im allgemeinen die ausländischen Schiedssprüche den inländischen gleichstellen. Vgl. insbes. Kohler S. 492 und oben IV Note 4, 5, unten Note 6.

[3]) Es können ja natürlich mehrere örtliche Rechte nebeneinander Anwendung finden, z. B. wenn die Parteien verschiedene Personalstatuten haben. Vgl. oben XXV Anm. 10.

[4]) S. oben XIX Note 3—6, 9.

[5]) S. oben XIX Note 3—6, XX Note 11.

[5a]) und muß, wenn gleichwohl erlassen, auf Antrag wieder aufgehoben werden, „wenn glaubhaft gemacht wird, daß die Partei ohne ihr Verschulden außer stande gewesen sei, den Grund in dem früheren Verfahren geltend zu machen“ (CPO. § 869). — Damit ist aber der — ausländische

Fällen der Nr. 1—6 des § 543 die Restitutionsklage stattfindet" (§ 867 Ziff. 6), also nicht:

1. wenn der Gegner durch Leistung eines Parteieides, auf welche der Schiedsspruch gegründet ist, sich einer vorsätzlichen oder fahrlässigen Verletzung der Eidespflicht schuldig gemacht hat;
2. wenn eine Urkunde, auf welche der Schiedsspruch gegründet ist, fälschlich angefertigt oder verfälscht war;
3. wenn durch Beeidigung eines Zeugnisses oder eines Gutachtens, auf welche der Schiedsspruch gegründet ist, der Zeuge oder Sachverständige sich einer vorsätzlichen oder fahrlässigen Verletzung der Eidespflicht schuldig gemacht hat;
4. wenn der Schiedsspruch von dem Vertreter der Partei oder von dem Gegner oder dessen Vertreter durch eine in Beziehung auf das schiedsrichterliche Verfahren verübte Handlung erwirkt ist, welche mit einer im Wege des gerichtlichen Strafverfahrens zu verhängenden öffentlichen Strafe bedroht ist;
5. wenn ein Schiedsrichter bei dem Schiedsspruch mitgewirkt hat, welcher sich in Beziehung auf das schiedsrichterliche Verfahren einer Verletzung seiner Pflichten als Schiedsrichter gegen die Partei schuldig gemacht hat, sofern diese Verletzung mit einer im Wege des gerichtlichen Strafverfahrens zu verhängenden öffentlichen Strafe bedroht ist;
6. wenn ein strafgerichtliches Urteil, auf welches der Schiedsspruch gegründet ist, durch ein anderes rechtskräftig gewordenes Urteil aufgehoben ist.

In allen diesen Fällen gibt ausschließlich das inländische Recht Maß. Der Grund ist derselbe wie im Falle der Verurteilung zur Vornahme einer verbotenen Handlung, nämlich das öffentliche Interesse des Inlandes, die Rücksicht auf die inländische Anschauung von Moral und guten Sitten.[6]) Aus-

— Schiedsspruch noch nicht aufgehoben (anders der inländische; s. § 870 Abs. 3 und unten XXVII Note 6 ff.).

[6]) Auch hier trifft das oben Anm. 2 Gesagte zu.

schließlich nach inländischem Recht beurteilen sich also die Begriffe Parteieid, Vorsatz, Fahrlässigkeit, Urkunde, Fälschung, Zeugnis, Gutachten, Strafverfahren, Urteil, Rechtskraft u. s. w. Insbesondere beantwortet sich nach inländischem Recht und nicht etwa nach dem Recht am Orte der begangenen Handlung oder des zur Aburteilung zuständigen Gerichtes die Frage, ob die in Nr. 1—5 genannten strafbaren Thatbestände vorliegen, sowie die weitere Frage, ob dieselben mit einer im Wege des gerichtlichen Strafverfahrens zu verhängenden öffentlichen Strafe bedroht sind. Es ist deshalb ganz gleichgültig, ob nach ausländischem Recht ebenfalls eine strafbare Handlung, gleicher oder anderer Art, vorliegt oder nicht. Es genügt, wenn es nach unserem, und es genügt nicht, wenn es bloß nach dem ausländischen Rechte der Fall ist.[7])

§ 544 der CPO. bestimmt:

„In den Fällen des vorhergehenden Paragraphen „Nr. 1—5 findet die Restitutionsklage nur statt, wenn „wegen der strafbaren Handlung eine rechtskräftige Ver„urteilung ergangen ist, oder wenn die Einleitung oder „Durchführung eines Strafverfahrens aus anderen Gründen „als wegen Mangel an Beweis nicht erfolgen kann."

Diese Bestimmung[8]) gilt entsprechend auch im Falle der Ziffer 6 des § 867. Denn „die Voraussetzungen", „unter welchen in den Fällen der Nr. 1—6 des § 543 die Restitutionsklage stattfindet", sind für die Fälle der Nr. 1—5 die darin genannten Thatbestände nur mit der in § 544 geregelten Modifikation. Ersichtlich trifft auch die ratio legis zu.

Daraus folgt: Bei Mangel an Beweis für die in Nr. 1—5 genannten Handlungen darf das Vollstreckungsurteil zu einem

---

[7]) Vgl. aber unten XXIX Note 3—5.

[8]) Dieselbe besagt übrigens, nebenbei erwähnt, nur, daß ohne die betreffenden Voraussetzungen die Geltendmachung der Thatbestände in Nr. 1—5 des § 543 unzulässig ist, aber nicht, daß bei ihrem Vorhandensein jene Thatbestände für den Civilrichter erwiesen seien (vgl. Gaupp § 544 Bem. II; Struckmann-Koch § 544 Anm. 1; Wilmowski-Levy § 544 Anm. 1.

ausländischen Schiedsspruch aus jenen Gründen in keinem Fall verweigert werden; das ist auch eigentlich selbstverständlich. Liegt der Beweis vor, kann aber ein Strafverfahren nicht eingeleitet oder nicht durchgeführt werden, weil die Handlung nach dem auf sie zutreffenden ausländischen Strafgesetz nicht strafbar ist, so muß gleichwohl das Vollstreckungsurteil verweigert werden.[9])

Das Strafurteil kann von einem in- oder ausländischen Gericht ausgegangen sein[10]), gleichgültig, ob der Verurteilte Deutscher oder Ausländer ist. Eine andere Meinung unterscheidet und verlangt, wenn es sich um einen Deutschen handelt, das Urteil eines deutschen Gerichts. „Denn," so sucht man[11]) zu begründen, „die rechtskräftige Verurteilung eines Deutschen im Auslande ist vom deutschen Strafgericht nur dann zu berücksichtigen, wenn der Vollzug oder der Erlaß der ganzen Strafe stattgefunden hat" (St.-G.-B. § 5 Nr. 1, 2). Aus dieser Begründung selbst würde jedoch mindestens soviel folgen, daß ein ausländisches Strafurteil gegen einen Deutschen jedenfalls dann genügt, wenn die ausgesprochene Strafe vollzogen oder erlassen ist. Uebrig bleiben dann nur noch die Fälle, in denen ein ausländisches Gericht einen Deutschen verurteilt hat, ohne daß jedoch ein Straferlaß oder Strafvollzug erfolgt wäre. Und für diese Fälle bestimmt das Strafgesetzbuch (§ 4 Ziff. 3) nur,

---

[9]) Zwar sind unter den „andern Gründen als wegen Mangel an Beweis" des § 544 nicht solche zu verstehen, welche die Annahme einer strafbaren Handlung überhaupt ausschließen (vgl. Wilmowski-Levy § 544 Anm. 2); und der Umstand, daß eine Handlung nach dem auf sie zutreffenden örtlichen Strafgesetz nicht strafbar ist, schließt in der That die Annahme einer strafbaren Handlung aus — aber, entgegnen wir, eben nur unter Berücksichtigung des strafrechtlich maßgebenden örtlichen Rechts, nicht aber nach den Strafgesetzen des Inlandes, welche aus den erörterten Gründen hier allein in Betracht kommen für die Frage, ob eine jener Strafthaten vorliegt.

[10]) S. Wilmowski-Levy § 544 Anm. 1; Seuffert § 544 Anm. 1; Gaupp § 544 Bem. I, 2; Struckmann-Koch § 544 Anm. 1. — Das gilt übrigens auch für die Ziffer 6 des § 543.

[11]) Wilmowski-Levy a. a. O.

daß trotz des ausländischen Strafurteils (§ 5 Nr. 1, 2) eine inländische Verfolgung nach den Strafgesetzen des Inlandes stattfinden kann. Aber darüber hinaus das ausländische Urteil nicht zu berücksichtigen, fehlt jeder Grund. Das Strafgesetzbuch an den angezogenen Stellen untersagt eine anderweite Berücksichtigung nicht, und der Sinn und Zweck des § 544 bezw. § 543 Ziff. 6 verlangt sie; denn „das ausländische und das inländische Strafurteil stehen der Würdigung des Civilrichters[12]) gleich gegenüber".[13]) Wenn man[14]) dagegen eingewendet hat, die zweite Alternative des § 544 erkläre deutlich, daß auf die Durchführung des Strafverfahrens, wenn möglich, Gewicht zu legen ist, so ist zu erwidern, daß beim Vorhandensein eines rechtskräftigen ausländischen Urteils das Strafverfahren im Sinne des § 544 durchgeführt ist; denn Strafverfahren bedeutet hier Strafverfolgung, nicht Strafvollzug.

§ 2. Die Aufhebung ausländischer Schiedssprüche.

XXVII.

Es ist in gerichtlichen Entscheidungen ausgesprochen und in der Litteratur die Ansicht gebilligt worden, daß die Versagung des Vollstreckungsurteils auf Grund des § 868 Abs. 2 den Schiedsspruch selbst aufhebe.[1]) Bei ausländischen Schiedssprüchen indes dürfte dieser Satz keinen Anspruch auf uneingeschränkte Geltung haben, und soll es wohl auch nicht.

In der Verweigerung der Zwangsvollstreckung eines Titels liegt an und für sich durchaus noch nicht dessen Aufhebung,

---

[12]) Sprechen doch Wilmowski-Levy selbst a. a. O. nur von einer Nichtberücksichtigung seitens der Strafgerichte!

[13]) Seuffert a. a. O.

[14]) Wilmowski-Levy a. a. O.

[1]) OLG. Hamburg und RGE. dazu vom 30. November 1889 in Seufferts Archiv Bd. 24 Nr. 163; Wilmowski-Levy § 868 Anm. 2; Seuffert ebenda; Gaupp Bem. III Note 11.

Beseitigung oder Kraftloserklärung. Im Gegenteil, Vollstreckungsweigerung kann bestehen neben sonstiger vollständiger Anerkennung des Titels, eines inländischen wie eines ausländischen.[2]) Begrifflich haben Vollstreckbarkeit und Gültigkeit nichts miteinander zu thun. Trotzdem kann die Feststellung der Vollstreckungsunfähigkeit die Feststellung der Ungültigkeit in sich schließen, dann nämlich, wenn die Vollstreckung eben wegen der Unglütigkeit verweigert wird, oder, anders ausgedrückt, wenn die Gründe der Vollstreckungsweigerung stets auch Gründe der Ungültigkeit sind. Bei inländischen Schiedssprüchen ist dies immer dann der Fall, wenn die Erlassung des Vollstreckungsurteils auf Grund des § 868 Abs. 2[2a]) abgelehnt wird; denn die Gründe hiezu sind zugleich Gründe der Ungültigkeit des Schiedsspruchs.

Anders bei ausländischen Schiedssprüchen. Wenn diesen auf Grund des § 868 Abs. 2 die Vollstreckung versagt wird, so brauchen sie deswegen noch nicht ungültig zu sein, weil § 867 für dieselben nicht gilt[3]) und sie diesem Paragraphen bezw. § 868 Abs. 2 nur entsprechen müssen, um *vollstreckt* zu werden.[4]) Die Thatbestände des § 867 haben eine doppelte rechtliche Natur: in § 867 selbst sind sie genannt als Gründe der *Ungültigkeit* der Schiedssprüche und gelten deswegen als solche nur für inländische Schiedssprüche; in § 868 aber sind sie genannt als Gründe der Verweigerung der *Vollstreckung* und gelten deswegen für *alle* Schiedssprüche[5]); denn die Vollstreckung

---

[2]) Vgl. oben II Note 2—5, V Note 2, 3, VI Anm. 12.

[2a]) Anders natürlich — bei inländischen wie bei ausländischen Schiedssprüchen — wenn die Weigerung aus anderen Gründen als denen des § 868 Abs. 2 erfolgt.

[3]) S. oben VIII a. E.

[4]) S. oben XII Anm. 2.

[5]) Vgl. Wach S. 250: „Der ausländische Schiedsspruch vermag als Causa gerichtsbarkeitlichen Aktes nicht stärker zu wirken, als der inländische. Daher unterliegt er den Voraussetzungen und Anfechtungsgründen des § 867.“ Dagegen der Angriff bei v. Bar II S. 540 Anm. 138: „Hier waltet eine Begriffsverwechselung ob. Die Wirkung des Schiedsspruchs ist die Exekution, und diese allerdings unterliegt lediglich den Gesetzen des

richtet sich ausschließlich nach inländischem Recht. Bei inländischen Schiedssprüchen fallen beide Arten von Gründen zusammen, und deswegen liegt in der Vollstreckungsweigerung zugleich die Aufhebung. Bei ausländischen Schiedssprüchen können sie zusammenfallen[6]) und dann ist die Wirkung auch die gleiche wie dort. Aber wohlgemerkt, das Zusammenfallen beider Arten von Gründen muß dann natürlich in demselben Sinne stattfinden, wie bei inländischen Schiedssprüchen, d. h. nicht bloß was ihren Inhalt, sondern auch was das darüber zulässige Verfahren[7]) anlangt, mit andern Worten: Wenn der Grund, aus welchem die Erlassung eines Vollstreckungsurteils für einen ausländischen Schiedsspruch gemäß § 868 Abs. 2 versagt wird, zugleich ein Grund zur Aufhebung desselben ist, und als solcher vor dem angerufenen Gericht in dem Verfahren nach § 868 geltend gemacht werden kann, dann, aber auch nur dann liegt in der Versagung des Vollstreckungsurteils zugleich die Aufhebung des ausländischen Schiedsspruchs.

Das führt uns zu der Frage, ob und inwieweit die Aufhebung eines ausländischen Schiedsspruchs vor deutschen Gerichten möglich ist. Davon im folgenden.

XXVIII.

Die Voraussetzungen der Gültigkeit eines ausländischen Schiedsspruchs, also die Gründe zu seiner Aufhebung beurteilen

---

Vollstreckungsstaates. Bei der Anfechtung aber handelt es sich um die Voraussetzungen des Schiedsspruches." Nach dem oben Ausgeführten haben beide recht, wenn man Wach nur von der Versagung der Vollstreckung, v. Bar nur von der Anfechtung versteht. Andernfalls haben beide teilweise unrecht; es ist schwer zu sagen, ob sie jenen Unterschied gemacht haben. (Was v. Bar a. a. O. noch weiter gegen Wach durch Beispiele beweisen will, erledigt sich durch das oben XIX Note 3—6, XX Note 11 und XXVI Note 4, 5 Gesagte.)

[6]) Beispiele dafür s. oben XXV Note 5, 8—11, 13—15, 19, 21.

[7]) Bei inländischen Schiedssprüchen gehören der Ausspruch der Zulässigkeit der Vollstreckung und die Aufhebung vor dasselbe Gericht (§ 871 CPO.). Letztere muß nicht notwendig durch Klage betrieben werden (vgl. die Anm. 1 zit. Entsch.).

sich, wie öfters bemerkt, nicht nach inländischem Recht, sondern nach dem Rechte desjenigen Rechtsgebietes, dem derselbe nach den Grundsätzen über die räumliche Herrschaft der Gesetze angehört.[1]) Die Aufhebung kann sich also insbesondere niemals auf § 867 CPO. stützen[2]), da dieser Paragraph nur für inländische Schiedssprüche gilt. Auch im übrigen berührt die CPO. mit keiner Bestimmung die Aufhebung ausländischer Schiedssprüche. Daraus geht aber hervor, daß der die Zuständigkeit regelnde § 871, soweit er von der Klage auf „Aufhebung eines Schiedsspruchs" handelt, sich nur auf inländische Schiedssprüche bezieht. Das Gericht des § 871 ist deshalb zur Aufhebung ausländischer Schiedssprüche — deren Zulässigkeit im Inland im übrigen vorausgesetzt — nur dann zuständig, wenn seine Zuständigkeit auf Grund der sonstigen Zuständigkeitsregeln gegeben ist.

Ob aber ein deutsches Gericht, und weiter, welches deutsche Gericht, für die Klage auf Aufhebung eines ausländischen Schiedsspruches zuständig ist, das bemißt sich, wie überhaupt alle Fragen gerichtlicher Zuständigkeit, einzig und allein nach inländischem Recht. Ob dadurch der Sache nach in die Zuständigkeit fremder Gerichte eingegriffen wird, ist gleichgültig, ebenso, ob die Parteien Inländer oder Ausländer sind.[3])

An der Richtigkeit dieser Grundsätze besteht kein Zweifel. Allein, wendet man[4]) ein, „wenn dieses (sc. das ausländische) Gesetz einen bestimmten formellen Weg der Aufhebung oder Kassierung vorgeschrieben hat (z. B. Aufhebung durch ein

---

[1]) Ob dies gerade immer das „Gesetz des Schiedsgerichts" ist (wie v. Bar II S. 540 will), ist doch mindestens sehr zweifelhaft. Vgl. oben X Anm. 12.

[2]) Wie früher erwähnt, kann aber wohl der Anfechtungsgrund des ausländischen zugleich ein Vollstreckungsweigerungsgrund des inländischen Rechtes sein (s. oben XXV Note 6).

[3]) Vgl. hiezu v. Bar II S. 357 und insbes. S. 398; Wach S. 248, 400; Seuffert Anm. 5 vor § 12 ff.; CPO. §§ 24, 661 Ziff. 1.

[4]) v. Bar II S. 540.

bestimmtes Gericht), so muß auch dieser formelle Weg innegehalten werden; er gehört zu den Vertragsstipulationen".

In der That, die inländischen Zuständigkeitsregeln, welche, wie gezeigt, allein maßgeben, gestatten eine Zuständigkeitsvereinbarung, und zwar selbst auf ein ausländisches Gericht.[5]) Und nun fragt es sich: Ist in unserem Fall eine solche Zuständigkeitsvereinbarung anzunehmen? Wir glauben, nein, aus einer thatsächlichen und aus einer rechtlichen Erwägung.

Wenn ein Prozeßgesetz für die Aufhebung des Schiedsspruchs bestimmte Zuständigkeitsregeln aufstellt, so kann man deswegen noch nicht schließen, daß die unter diesem Prozeßgesetz stehenden Parteien diese Regeln auch vertragsmäßig vereinbaren wollen. Kein Zweifel, ein gesetzlich zuständiges Gericht kann noch obendrein auch auf Grund einer Parteivereinbarung zuständig werden[6]), wenn man auch bei dem Namen Zuständigkeitsvereinbarung vorzugsweise an die Fälle denkt, wo ein gesetzlich unzuständiges Gericht durch Vereinbarung erst zuständig wird.[7]) Dieser Sprachgebrauch entspricht auch dem thatsächlichen Vorgang: Mangels einer ausdrücklichen Vertragsbestimmung werden die Parteien bezüglich des zuständigen Gerichts sich in der Regel überhaupt nichts denken; denken sie aber an die gesetzlichen Zuständigkeitsregeln des in Frage stehenden örtlichen Rechts, so würde daraus nur folgen, daß sie auch, nicht aber, daß sie ausschließlich das gesetzlich zuständige Gericht vertragsmäßig zuständig machen wollen. Die Parteien werden sich im Zweifel jeden Weg der Rechtsverfolgung, wie er je nach Ort und Zeit zu Gebote steht, stillschweigend vorbehalten haben. Das gilt nicht bloß von Schiedsverträgen[8]),

---

[5]) Vgl. oben XVII Anm. 5, 6.

[6]) so daß z. B. das Gericht auf Grund der Vereinbarung zuständig bleibt, wenn die gesetzliche Zuständigkeit auch wegfiele (durch neues Gesetz).

[7]) Vgl. CPO. § 38.

[8]) Bei einseitiger Anordnung schiedsrichterlichen Verfahrens läßt obige Begründung ohnehin im Stich.

das gilt von allen Verträgen, ja von allen Rechtsverhältnissen überhaupt.[8a])

Gesetzt aber, der thatsächliche Vorgang bei Abschluß eines Vertrages entspräche in der That der obigen Begründung, so wäre dieselbe gleichwohl nicht beweisend; denn die CPO. — und sie allein gibt hier, wie gezeigt, Maß — faßt jedenfalls den Parteiwillen anders auf, nämlich so, wie wir es eben dargestellt haben, oder, wenn man will, sie setzt sich über den anders gearteten Parteiwillen hinweg. Ihre Zuständigkeitsregeln gelten nämlich, woran kein Zweifel besteht, ohne Rücksicht darauf, unter welchem örtlichen oder zeitlichen Prozeßgesetz irgend ein Vertrag geschlossen wurde.[9]) Es liegt nicht der mindeste Grund vor, für den Schiedsvertrag eine Ausnahme zu machen.[9a])

Mithin: Ohne Rücksicht darauf, wie das ausländische Gesetz die Zuständigkeit der Gerichte für die Klage auf Aufhebung eines Schiedsspruchs regelt, sind die inländischen Gerichte nach alleiniger Maßgabe der inländischen Gesetze zuständig, es hätten denn die Parteien ausdrücklich ein anderes vereinbart.[9b]) Die inländische Zuständigkeit ist aber, wie wir sahen, nicht durch § 871 CPO. normiert, sondern[10]) bemißt sich nach den allgemeinen Bestimmungen.

Eine andere Frage ist es natürlich, ob es eine Klage auf Aufhebung eines Schiedsspruchs gibt; sie beantwortet sich, wie

---

[8a]) Anders liegt die Sache hinsichtlich des materiellen Rechts. Vgl. oben XIX Note 4, 5.

[9]) Also, wenn er im Inland, aber vor dem Inkrafttreten der CPO., also, wenn er im Ausland geschlossen ist (vgl. CPO. § 24). Es könnte darnach zweifellos ein deutsches Gericht selbst einen ausländischen Schiedsvertrag aufheben (etwa nach § 24 CPO.). Warum dann nicht den Schiedsspruch? (vgl. Planck § 4 Note 19 ff). — Eine andere Frage ist die, ob das Ausland das deutsche Urteil anerkennen wird; allein sie erhebt sich überall, wo Inland und Ausland verschiedene und übergreifende Zuständigkeitsbestimmungen haben.

[9a]) Vgl. unten XXXI Note 8.

[9b]) Auch die Zulässigkeit einer solchen Vereinbarung richtet sich natürlich für das Inland nach inländischem Recht. Vgl. oben Note 5.

[10]) Im Effekt dürfte die Sache regelmäßig auf dasselbe hinauskommen.

oben bemerkt, nach dem maßgebenden ausländischen Recht.[11]) Gibt es darnach eine solche Klage nicht, so kann sie auch bei uns nicht angestellt werden. Gibt es ein anderes Mittel der Anfechtung oder Aufhebung des ausländischen Schiedsspruchs, so hängt die Möglichkeit seiner Geltendmachung vor den inländischen Gerichten davon ab, ob es der Sache nach eine Klage des bürgerlichen Rechtes ist[12]); denn nur für diese gelten die in Betracht kommenden Zuständigkeitsregeln der CPO. Welche rechtliche Natur das Anfechtungsmittel des ausländischen Rechtes hat, kann natürlich nur nach diesem selbst ermessen werden.

XXIX.

Von den den Schiedsspruch selbst[1]) betreffenden Gründen sind diejenigen des § 867 die einzigen, aus welchen bei einem inländischen Schiedsspruch die Erlassung eines Vollstreckungsurteils versagt werden kann; denn außer diesen gibt es keine,

---

[11]) Vgl. Note 1. Dies gilt insbesondere auch für die Verjährung. — Für die Klage auf Aufhebung inländischer Schiedssprüche wird, nebenbei bemerkt, verschiedentlich aufgestellt, dieselbe unterliege der allgemeinen oder gewöhnlichen Klagenverjährung (s. Wilmowski-Levy § 867 Anm. 1; Struckmann-Koch § 867 Anm. 8; Gaupp § 867 Note 5). Das ist irrig. Die Dauer der Verjährungszeit kann eine verschiedene sein je nach dem Grunde der Aufhebung. Nur so lange als dessen Geltendmachung kann auch die darauf gestützte Aufhebungsklage möglich sein. Z. B. kann gemäß Code civil art. 1304 die Ungültigkeit eines Vertrages nach 10 Jahren nicht mehr, weder klage- noch einredeweise, geltend gemacht werden (vgl. Zachariae-Dreyer, franz. Civ.-R. II § 337, und RGE. XII Nr. 86); also ist nach dieser Zeit auch die Aufhebungsklage aus Gründen, auf welche art. 1304 zutrifft, ausgeschlossen. CPO. § 867 hat eine Reihe verschiedenartiger Thatbestände als Aufhebungsgründe bezeichnet, an deren rechtlicher Tragweite aber im übrigen nichts geändert.

[12]) Hier kommt insbesondere der Fall der Berufung an die Gerichte in Betracht.

[1]) Es gibt natürlich auch Gründe der Vollstreckungsweigerung, welche den Schiedsspruch selbst nicht berühren, z. B. Tilgung des Anspruches (§ 686 CPO.) oder Mangel der Prozeßvoraussetzungen.

welche die Aufhebung eines inländischen Schiedsspruchs nach sich ziehen.[2])

Nicht so bei ausländischen Schiedssprüchen. Bei diesen ist einmal die Vollstreckung ebenfalls zu verweigern, wenn einer der Thatbestände des § 867 vorliegt[3]); dann aber auch, wenn sie nach ihrem, dem ausländischen Rechte der Aufhebung unterliegen. Der Grund zu letzterem besteht aber, wir wiederholen es, nicht etwa darin, daß § 868 Abs. 2 CPO. sich auch auf die Aufhebungsgründe des ausländischen Rechts bezöge[4]); er besteht vielmehr darin, daß ein ausländischer Schiedsspruch, der den Vorschriften der CPO. entspricht und sich infolgedessen zur Zwangsvollstreckung eignet, dadurch nicht gültiger wird, als er ohnedies wäre.[4a]) Die Frage nach seiner Gültigkeit bleibt also eine offene, und zwar beantwortet sie sich nach dem maßgebenden ausländischen Rechte.[5])

Die Prüfung dieser Frage kann, wie wir früher[6]) gesehen haben, schon auf Grund des § 868 Abs. 2 mit § 867 notwendig werden und unter Umständen sogar zur Aufhebung des Schiedsspruchs durch das Gericht des § 868 cf. 871 führen. Sie kann auch im Ausland schon stattgefunden und die rechtskräftige Beseitigung des Schiedsspruchs zur Folge gehabt haben; in diesem Falle liegt dann für das inländische Gericht ein ausländischer Schiedsspruch überhaupt nicht vor[7]), weswegen

---

[2]) Vgl. Seuffert § 867 Anm. 1.

[3]) S. oben XXIV Note 1—3.

[4]) was ja nicht der Fall ist (s. oben XXIII Note 4). Andererseits sagt § 868 Abs. 2 aber nicht, daß die Vollstreckung nur auf Grund eines der Thatbestände des § 867 verweigert werden könne. Für inländische Schiedssprüche folgt dies allerdings aus dem Paragraphen, aber auch nur für inländische (s. Note 2).

[4a]) S. oben XII Note 2a.

[5]) S. oben VIII a. E.

[6]) S. oben XXVII Note 6 und die daselbst zitierten Beispiele.

[7]) Und zwar ohne Rücksicht darauf, ob die aufhebende ausländische Entscheidung im Inland vollstreckbar wäre. Es handelt sich einfach um die Frage, ob nach ausländischem Recht thatsächlich ein Schiedsspruch vorliegt oder nicht. Ist ein solcher im Ausland selbst wieder aufgehoben, so ist es

auch von einem Vollstreckungsurteil keine Rede mehr sein kann. Schwebt das darauf bezügliche ausländische Verfahren noch, so kann das inländische Gericht bis zu dessen Erledigung die Verhandlung aussetzen[8]) oder[9]) selbst die Gültigkeit des ausländischen Schiedsspruchs nach dem maßgebenden ausländischen Recht prüfen. Es kann[10]) auch, wenn ein Verfahren über die Gültigkeit des Schiedsspruchs noch nicht anhängig und seine eigene Zuständigkeit nicht gegeben ist, der Partei eine Frist zur Beibringung der Entscheidung des zuständigen ausländischen oder deutschen[11]) Gerichtes setzen.

Ist der ausländische Schiedsspruch nach seinem Rechte gültig, so kann er natürlich auch im Inland nicht aufgehoben werden; ist er aber nach inländischem Recht von der Vollstreckung ausgeschlossen und eine Partei fürchtet, durch Zeitablauf das Recht zur Geltendmachung des betreffenden Grundes zu verlieren[12]), so kann sie, wenn die andere Partei nicht Klage auf Erlaß des Vollstreckungsurteils erhebt und dadurch die Geltendmachung des Versagungsgrundes ermöglicht, beim inländischen Gericht auf Feststellung[13]) der Nichtvollstreckbarkeit des Schiedsspruchs klagen.

---

nicht der Fall. (Auch bei ausländischen Urteilen verlangt man, daß sie nicht wieder im Ausland beseitigt sind. Vgl. Francke S. 6, 34.)

[8]) CPO. § 139.

[9]) Falls nicht die Einrede der Rechtshängigkeit oder Unzuständigkeit begründet ist.

[10]) Daß es müßte (s. v. Bar II S. 540), dürfte hier so wenig zutreffen, wie sonst, wenn ein Präjudiz aussteht.

[11]) Dessen Zuständigkeit bestimmt sich nicht nach § 871 CPO. (s. oben XXVIII Text nach Note 2).

[12]) S. oben XXVIII Anm. 11.

[13]) Gemäß § 231 CPO. Vgl. Gaupp § 871 Note 1; RGE. XXIII S. 424 ff.

C.

Dritter Teil.

Die Zwangsvollstreckung ausländischer Schiedssprüche nach §§ 660, 661 Civilprozeßordnung.

XXX.

Wenn eine Klage auf Erlassung eines Vollstreckungsurteils zu einem ausländischen Schiedsspruch auf Grund des § 868 CPO. erhoben wird, so gestaltet sich der Verlauf des Prozesses nach den bisherigen Erörterungen in den hier in Betracht kommenden Punkten etwa folgendermaßen:

Das angerufene Gericht prüft auf Parteieinwand [1]) seine Zuständigkeit; dieselbe regelt sich nach § 871 CPO.[2]) Es prüft sodann, ob ein formell zur Zwangsvollstreckung geeigneter[3]) Schiedsspruch vorliegt, wofür § 865 maßgibt[4]), und ob kein von Amts wegen zu berücksichtigender[5]) Grund zur Versagung des Vollstreckungsurteils besteht. Des weiteren hat das Gericht die sonstigen gegen die Vollstreckbarkeit[6]) oder gegen die Gültigkeit[7]) des Schiedsspruchs vorgebrachten Einwände zu würdigen.

---

1) Es besteht für die Klagen aus Schiedssprüchen bezw. Schiedsverträgen kein ausschließlicher Gerichtsstand.

2) S. oben XXII.

3) Man darf nicht sagen: formell perfekter Schiedsspruch (s. oben XIII Note 7).

4) S. oben XX Note 1—4.

5) S. oben XXIV Note 3.

6) S. oben XXIII—XXVI.

7) S. oben XXIX.

Dabei kann es unter Umständen den Schiedsspruch aufheben oder der Partei zur anderweiten Betreibung der Aufhebung eine Frist setzen.[8]) Endlich kommen, wie sonst, die Einreden in Betracht, welche sich nicht gegen die Vollstreckbarkeit oder Gültigkeit des Schiedsspruchs, sondern gegen den schiedsrichterlich festgestellten Anspruch selbst richten.[9])

Nun fragt es sich aber weiter: Ist der Weg der Vollstreckungsklage nach § 868 CPO. der einzige, um die Zwangsvollstreckung ausländischer Schiedssprüche zu erreichen? Im strengen Sinne, ja. Denn § 868 CPO. ist die einzige Bestimmung, welche die Zwangsvollstreckung von Schiedssprüchen regelt; sind also ausländische Schiedssprüche nicht nach § 868 vollstreckbar, so sind sie es überhaupt nicht. Das hindert aber in keiner Weise, daß ausländische Schiedssprüche mittelbar im Inland dadurch zur Vollstreckung gelangen, daß ein auf Grund derselben ergangenes ausländisches Urteil[10]) im Inland vollstreckbar ist.

Wie wir früher[11]) sahen, bedarf ein ausländischer Schiedsspruch, um im Inland vollstreckt zu werden, keines ausländischen Ausspruchs der Zulässigkeit seiner Zwangsvollstreckung oder seiner Vollstreckbarkeit; erfolgt ein solcher Ausspruch gleichwohl, so hat das auf die inländische Vollstreckung des Schiedsspruchs keinerlei Einfluß. Wie aber, wenn jener ausländische Ausspruch ergeht als ausländisches Urteil? Müssen da nicht die §§ 660, 661 CPO. Anwendung finden? Oder kann in solchem Falle nicht entweder nach § 868 oder nach §§ 660, 661 Vollstreckungsurteil begehrt werden, je nachdem die Voraussetzungen der einen oder der andern Bestimmungen vorliegen?

Man könnte geneigt sein, die letztere Frage zu bejahen, indem man sagt, daß dann sowohl ein nach seinem Recht voll-

---

[8]) S. oben XXVII, XXVIII.

[9]) S. oben XXIX Note 1.

[10]) Andere ausländische Titel kommen, weil im Inland niemals vollstreckbar, nicht in Betracht (vgl. oben II).

[11]) S. oben XXI Note 3—6.

streckbarer[12]) Schiedsspruch als auch ein ausländisches Urteil vorliegt, also sowohl die Regeln über Vollstreckung ausländischer Schiedssprüche, wie ausländischer Urteile Platz greifen.[13]) Kein Zweifel, wir haben dann einen Schiedsspruch und ein Urteil vor uns. Entscheidend ist dann allein die Frage, welcher von den beiden Titeln eigentlich der zu vollstreckende ist, ob der Schiedsspruch oder das Urteil. Wenn der Schiedsspruch, dann kann nur der Weg des § 868 begangen werden; denn durch das Urteil wird nicht der Schiedsspruch selbst zum Urteil.[14]) Wenn aber das Urteil, dann unterliegt die Anwendung der §§ 660, 661 keinerlei Bedenken[15]); denn der Umstand, daß das Urteil auf Grund eines Schiedsspruchs ergangen ist, macht es nicht selbst zum Schiedsspruch, und außerdem unterliegt der Grund eines ausländischen Urteils, für welches Vollstreckung begehrt wird, überhaupt nicht der Prüfung der inländischen Gerichte. Ob aber der Schiedsspruch oder das darauf gebaute Urteil den Vollstreckungstitel bildet, darüber kann natürlich nur das betreffende ausländische Recht Auskunft geben.[16])

[12]) S. oben XX Note 6—8, XXI Note 1, 2.

[13]) Für anwendbar erklären die §§ 660, 661 Wilmowski = Levy § 660 Anm. 1.

[14]) Vgl. oben XXI Anm. 8.

[15]) Und insofern ist wenigstens die Form einer auf Grund eines ausländischen Schiedsspruchs ergangenen ausländischen Entscheidung nicht unter allen Umständen bedeutungslos (vgl. oben XXI Anm. 4). Festzuhalten ist aber, daß es sich dann um die Vollstreckung eines Urteils handelt und gleichwohl wahr bleibt, daß für den Schiedsspruch einzig und allein § 868 gilt, und daß der Schiedsspruch, wenn er vollstreckt würde, des ausländischen Urteils nicht bedürfte (vgl. auch RGE. XXX S. 369 f.).

[16]) Für die CPO. streitet man, ob das Vollstreckungsurteil oder ob der Schiedsspruch (bezw. das ausländische Urteil §§ 660, 661) Vollstreckungstitel sei (vgl. Francke S. 10 ff.; Kohler S. 491; Petersen §§ 867—870 Bem. II; Wilmowski=Levy § 660 Anm. 3; Struckmann=Koch § 662 Anm. 3).

D.

Vierter Teil.

Die Wirkungen unvollstreckbarer ausländischer Schiedssprüche. (Die Klage auf Erfüllung ausländischer Schiedssprüche.)

XXXI.

Wenn nun ein ausländischer Schiedsspruch den Bestimmungen der CPO. nicht entspricht und deswegen nicht vollstreckt werden kann[1]), äußert er dann im Inland überhaupt keine Wirkungen, obschon er nach seinem Rechte gültig ist?[2])

Wir weisen hier auf frühere Erörterungen zurück: Es ist scharf zu unterscheiden zwischen Klagbarkeit[3]) und zwischen Vollstreckbarkeit[4]) eines Titels. Ein Titel kann nach seinem örtlichen Recht Klagbarkeit ohne Vollstreckbarkeit[5]) oder Vollstreckbarkeit ohne Klagbarkeit[6]) oder Klagbarkeit und Vollstreckbarkeit besitzen. Das Inland kann bei einem ausländischen Titel die eine Wirkung anerkennen, die andere nicht. Unser Recht anerkennt aber ausländische Schiedsverträge so gut wie andere

---

[1]) S. oben X Note 18, 19, XI Note 6, 7, XIX Note 3—6.

[2]) S. oben VIII Note 18, XXVII Note 3, 4.

[3]) Wir setzen hier den Ausdruck „Klagbarkeit" für die Eigenschaft, materiellrechtliche Klage und Einrede zu gewähren.

[4]) S. oben V Note 1—3.

[5]) S. oben II, V Note 4.

[6]) d. h. es ist wenigstens keine Klage mehr möglich auf Sachurteil, sondern höchstens auf Urteil über die Vollstreckung (s. Note 3).

Verträge, soweit die Klagbarkeit derselben in Frage steht.[7]) Daraus folgt, daß vor den deutschen Gerichten alle civilrechtlichen Klagen und Einreden aus einem ausländischen Schiedsvertrag möglich sind, die derselbe nach seinem, nach dem maßgebenden ausländischen Recht gewährt.

Demgemäß kann vor den deutschen Gerichten[8]) auf Grund eines ausländischen Schiedsvertrags geklagt werden auf Erfüllung aller aus dem Schiedsvertrag fließenden Verpflichtungen, insbesondere auf Ernennung der Schiedsrichter, deren Ablehnung, Vornahme einer im Schiedsverfahren notwendigen richterlichen Handlung u. s. w., falls nur das ausländische Recht diese Klagen zuläßt.

Es kann demgemäß ferner auf Grund eines ausländischen Schiedsvertrags die Einrede[9]) des Schiedsvertrags (exceptio pacti, compromissi) geltend gemacht werden, wenn die andere Partei die Rechtsstreitigkeit, welche den Gegenstand des Schiedsvertrags bildet, vor die deutschen Gerichte bringt. Dabei ist es gleichgültig, ob das Schiedsverfahren im Ausland oder Inland schon begonnen hat oder nicht, oder ob der Schiedsspruch schon erfolgt ist oder nicht; denn das alles berührt nicht die im Schiedsvertrag liegende[10]) Verpflichtung der Parteien, ihre Rechtsstreitigkeit nicht von den staatlichen Gerichten entscheiden zu lassen. Ebenso ist es gleichgültig, ob der ausländische Schiedsspruch, sei er nun gefällt oder noch nicht, im Inland zur Vollstreckung führen kann oder könnte, oder nicht; denn auch dieser Umstand greift die Existenz jener Verpflichtung in keiner Weise an.

Was den letzten Punkt anlangt, so könnte eine Vergleichung zwischen Schiedsspruch und Urteil leicht zur entgegengesetzten

---

[7]) S. Note 3.

[8]) deren Zuständigkeit nach der CPO. (s. oben XXVIII Note 7 bis 9a) vorausgesetzt.

[9]) Dieselbe ist nicht prozeßhindernd im Sinne des § 247 CPO. (s. oben XVII Note 8, 9).

[10]) Anders natürlich, wenn der Schiedsvertrag diese Verpflichtung nicht enthält, sondern nur etwa die Festsetzung einer Vertragsstrafe für den Fall gerichtlicher Klagestellung.

Ansicht neigen lassen. Auf Grund eines im Ausland schwebenden gerichtlichen Verfahrens nämlich kann einer Klage vor den Gerichten des Inlandes mit der Einrede der Rechtshängigkeit nur dann begegnet werden, wenn für das zu erwartende ausländische Urteil die Möglichkeit der Rechtskraftwirkung im Inland nach §§ 660, 661 besteht.[11]) Daraus möchte man schließen, daß analog auch ein ausländisches Schiedsverfahren nur dann zu einer Einrede gegen eine Klage vor den Gerichten des Inlandes geeignet sei, wenn der zu erwartende Schiedsspruch zur Vollstreckung im Inland berechtige. Allein die Analogie ist nur eine scheinbare; denn dort stützt sich die Einrede auf ein gerichtliches Verfahren, hier auf einen civilrechtlichen Vertrag.[12]) Wird erstere Einrede im Inland nur unter bestimmten Voraussetzungen zugelassen, so brauchen diese deswegen nicht auch für die Zulassung der letzteren zu bestehen.[13]) Eine Analogie liegt allerdings vor, aber nicht zwischen dem ausländischen Schiedsverfahren und Prozeßverfahren, sondern zwischen dem Schiedsvertrag und dem Klagegrund des ausländischen Urteils. Wird das Letztere im Inland auch nicht anerkannt, so doch sein Klagegrund, d. h. das ihm zu Grunde liegende Rechtsverhältnis, so daß aus diesem dann im Inland geklagt werden kann.[14]) Ebenso besteht, wenn auch der Schiedsspruch im Inland keine Rechtskraftswirkungen äußern kann, deswegen kein Grund, auch das Rechtsverhältnis, auf Grund dessen er ergangen ist, nämlich den Schiedsvertrag nicht anzuerkennen.

Wird die Einrede des Schiedsvertrags gegen eine Klage vor den deutschen Gerichten geltend gemacht, so kann allerdings eventuell mit der Replik der Ungültigkeit oder Erlöschung des Schiedsvertrags[15]) geantwortet werden.

Aus einem ausländischen Schiedsvertrag kann endlich geklagt werden auf Erfüllung des ausländischen Schiedsspruchs[16]);

[11]) S. Seuffert § 661 Anm. 8b und daselbst die Litteratur.

[12]) Vgl. Note 9.

[13]) Vgl. Note 7.

[14]) S. Note 11.

[15]) Vgl. oben XXVIII Anm. 9.

[16]) So auch RGE. XXX S. 368 ff.

denn dies ist ebenfalls eine aus dem Schiedsvertrag[17]) fließende Verpflichtung der Parteien. Auch hier könnte man leicht zu einer falschen Analogie zwischen Urteil und Schiedsspruch verleitet werden. Wenn nämlich ausländische Urteile nicht gemäß §§ 660, 661 eine Vollstreckungsklage gewähren, so kann auch nicht auf Erfüllung derselben geklagt werden.[18]) Daraus möchte man schließen, daß es auch bei ausländischen Schiedssprüchen, welche nicht zur Zwangsvollstreckung berechtigen, keine Klage auf Erfüllung gibt. Allein der Unterschied zwischen beiden Fällen besteht darin, daß die Klage auf Erfüllung des ausländischen Urteils zum Klagegrund eben auch das ausländische Urteil hätte, gerade wie die Vollstreckungsklage, während sich die Klage auf Erfüllung des ausländischen Schiedsspruchs nicht auf diesen, sondern auf den Schiedsvertrag stützt.[19])

---

[17]) S. oben VI Note 4—8.

[18]) Vgl. RGE. XVI S. 431 ff.; Seuffert § 660 Anm. 5.

[19]) S. Note 17.

Druck von Seitz & Schauer in München.

Kolibri 360 GmbH
Ferdinand-Jühlke-Straße 7
99095 Erfurt, Deutschland
produktsicherheit@kolibri360.de